Epistemopatia

O conhecimento na clínica psicanalítica

COLEÇÃO "CLÍNICA PSICANALÍTICA"

Títulos publicados

1. Perversão	Flávio Carvalho Ferraz
2. Psicossomática	Rubens Marcelo Volich
3. Emergências Psiquiátricas	Alexandra Sterian
4. Borderline	Mauro Hegenberg
5. Depressão	Daniel Delouya
6. Paranóia	Renata Udler Cromberg
7. Psicopatia	Sidney Kiyoshi Shine
8. Problemáticas da Identidade Sexual	José Carlos Garcia
9. Anomia	Marilucia Melo Meireles
10. Distúrbios do Sono	Nayra Cesaro Penha Ganhito
11. Neurose Traumática	Myriam Uchitel
12. Autismo	Ana Elizabeth Cavalcanti Paulina Schmidtbauer Rocha
13. Esquizofrenia	Alexandra Sterian
14. Morte	Maria Elisa Pessoa Labaki
15. Cena Incestuosa	Renata Udler Cromberg
16. Fobia	Aline Camargo Gurfinkel
17. Estresse	Maria Auxiliadora de Almeida Cunha Arantes Maria José Femenias Vieira
18. Normopatia	Flávio Carvalho Ferraz
19. Hipocondria	Rubens Marcelo Volich
20. Epistemopatia	Daniel Deloya
21. Tatuagem e Marcas Corporais	Ana Costa
22. Corpo	Maria Helena Fernandes

COLEÇÃO CLÍNICA PSICANALÍTICA
Dirigida por Flávio Carvalho Ferraz

EPISTEMOPATIA

O CONHECIMENTO NA CLÍNICA PSICANALÍTICA

Daniel Delouya

Casa do Psicólogo®

1ª edição
2003

Editores
Ingo Güntert Bernd e Silésia Delphino Tosi

Produção Gráfica & Editoração Eletrônica
Renata Vieira Nunes

Revisão Gráfica
Adriane Schirmer

Projeto Gráfico da Capa
Yvoty Macambira

Dados Internacionais de Catalogação na Publicação (CIP)
(Câmara Brasileira do Livro, SP, Brasil)

Delouya, Daniel
Epistemopatia: o conhecimento na clínica psicanalítica / Daniel Deloya. — São Paulo: Casa do Psicólogo®, 2003. — (Coleção clínica psicanalítica / dirigida por Flávio Carvalho Ferraz)

Bibliografia.
ISBN 85-7396-277-1

1. Conhecimento – Teoria 2. Pesquisa psicológica 3. Psicanálise 4. Psicologia clínica I. Ferraz, Flávio Carvalho II. Título. III. Série

03-6271 CDD-150.195

Índices para catálogo sistemático:
1. Conhecimento: Clínica psicanalítica: Psicologia 150.195

Impresso no Brasil
Printed in Brazil

Casa do Psicólogo® Livraria e Editora Ltda.
Rua Mourato Coelho, 1059 – Vila Madalena – 05417-011 – São Paulo/SP – Brasil
Tel.Fax: (11) 3034.3600 – e-mail: casadopsicologo@casadopsicologo.com.br
Site: www.casadopsicologo.com.br

Sumário

Apresentação 7

1. O contexto da pesquisa sobre o conhecimento na clínica psicanalítica 11

2. A atividade científica e suas primeiras analogias com o fazer analítico 23

3. O efeito do enquadre sobre a fala na situação analítica.. 41

4. A descoberta na sessão analítica: questionando os procedimentos 53

5. A situação analítica e a transferência 63

6. O conhecimento e o trabalho analítico 73

7. O aparelho psíquico no método da apreensão clínica 87

Referências bibliográficas 99

Apresentação

Epistemopatia não é, até onde pudemos verificar, um termo conhecido ou estabelecido na literatura que abarca o conhecimento e as pesquisas nas áreas da saúde mental; é um binômio composto de *epistême* e *pathos* (saber e patologia). Entretanto, nosso intuito não é tratar das patologias ('*manias*') de saber, cujas expressões agudas são passíveis de ser encontradas nos diferentes quadros que compõem o largo espectro das patologias do eu, em especial o das psicoses (destacando as paranóias) e o dos casos fronteiriços. As manias de saber, nas formações mais amenas da vida cotidiana e, especialmente, nos vários instantes em que surgem na clínica, sobretudo na mente do analista, são, não obstante, implícitos, de forma indireta no nosso projeto; constituem sua face, por assim dizer, negativa.

Nosso projeto objetiva a interrogação acerca dos modos específicos de descobrir e conhecer na clínica psicanalítica. *Pathos* refere-se, em sua origem etimológica, à afecção comportando as paixões/afetos, a passividade, o sofrimento e a doença. *Pathos* constitui, portanto, o ponto de partida da trajetória da cura, isto é, da procura pelo terapeuta. Este é o ponto de saída, já que a afecção, o *pathos*, encontra na malha afetiva, *pática*, do analista uma ressonância receptiva, uma identificação; é um modo empático de acesso àquele que nos procura. Modo este que, no entanto, precisa se submeter, na psicanálise, a um enquadre (*setting*) – no qual a fala e a linguagem são elementos centrais – e suas diversas técnicas e estratégias, todos articulados ao corpo teórico da metapsicologia, do conhecimento já acumulado neste campo.

Essas relações entre, de um lado, a experiência com o outro pela via do *pathos* e, de outro, a descoberta e seus meios de engendramento, parecem-nos de imensa relevância porque implicados no cerne de toda a produção que compreende a metapsicologia e suas constantes e progressivas revisões e, sobretudo, da pesquisa circunscrita dentro dela acerca das patologias -- como ocorre, para dar um exemplo familiar, na longa série de obras de diversos autores que compõem esta coleção "*Clínica Psicanalítica*", dirigida por Flávio Carvalho Ferraz.

Epistemopatia, não é, portanto, uma nova e circunscrita classe de distúrbios, senão um conhecimento cujo método de obtenção emana do interior do *pathos*. Constitui o estudo sobre esta "máquina de fazer ciência" (Bacon) na clínica, que fabrica conhecimento a partir das configurações psicopatológicas e, conseqüentemente, situado dentro da metapsicologia.

Na produção de conhecimento, a relação -- oriunda de um *método* – entre um substrato *pático* e um enquadramento [com toda sua "aparelhagem psicanalítica" (Green) e suas técnicas e estratégias], articulado a um corpo teórico é, surpreendentemente, análoga às e evocativa das coordenadas pelas quais é gerado, desde os meados do século XVII, o conhecimento nas ditas ciências da natureza. Freud foi sempre atento a esses elos.

Esta ponte nos incitou ao empreendimento de um projeto de pesquisa de pós-doutoramento no *Núcleo de Psicanálise* da PUC-SP, realizado entre 1994 e 1996, na FAPESP (Processo nº 94/1658-7) e intitulado *Alguns aspectos dos modos de conhecer e descobrir em psicanálise*.

O livro que ora apresentamos ao leitor é fruto dos relatórios desta pesquisa. As linhas de argüição, os exemplos clínicos – tomados, de um lado, do preciosíssimo e único documento que restou do relato de sessões de Freud (neste caso, com o *Homem dos Ratos*,

1909) e, de outro, de Winnicott, de René Major e dos nossos –, e as conclusões provêm desta pesquisa.

Sendo uma pesquisa, sua apresentação e sua exposição seguem uma ordem sistemática, quase didática: partimos de uma explanação da questão que nos ocupa, além de situá-la em uma revisão panorâmica e atualizada da literatura. A seguir, expomos, em linhas gerais, o método e os meios de produção de conhecimento na ciência, confrontando-os com os da psicanálise, para traçar sugestivas analogias e seus limites. Este esforço nos possibilitou a demarcação do elemento singular nos modos de conhecer e descobrir no campo da psicanálise, aventando um modelo e discutindo outros, com auxílio de alguns autores, em torno deste tema.

O último capítulo foi acrescentado como anexo já que foi proferido em congresso e escrito quatro a cinco anos depois da conclusão oficial desta pesquisa. Decidimos incluí-lo porque fornece uma visão de conjunto de nossa coleta.

Por fim, gostaria de expressar meus agradecimentos à FAPESP pelo apoio concedido, em especial a seu assessor cujos comentários destacavam um valor nos relatórios, que os tornavam merecidos de se tornarem públicos. Sou grato também a Renato Mezan que nos acolheu no *Núcleo de Psicanálise* da PUC-SP e acompanhou o desenvolvimento dos relatórios.

1.

O CONTEXTO DA PESQUISA SOBRE O CONHECIMENTO NA CLÍNICA PSICANALÍTICA

Notas preliminares

Existe uma atividade e um sentido na epistemologia que têm sido deixados de lado no que se refere à psicanálise. A epistemologia faz parte da filosofia da ciência e compreende o estudo dos modos de conhecer nas ciências naturais em geral, bem como suas singularidades em cada uma delas. Em outras palavras, ela examina e estuda *a lógica da descoberta* no campo estudado e os procedimentos implícitos nesse processo. Embora as descobertas e a produção teórica na ciência estejam determinadas também pela psicologia dos cientistas, por sua organização social e política e pela historia da ciência, é possível estudar os modos de descobrimento e sua lógica, – a epistemologia – de forma independente, e assim desvelar sua própria inteligibilidade.

Houve, porém, ao longo das últimas três décadas, um imenso esforço e uma vasta produção de psicanalistas, filósofos e estudiosos em geral, à qual se deu o nome de *epistemologia*. O objeto desta foi quase sempre a metapsicologia e em particular a de Freud. A metapsicologia prestou-se a um trabalho cujas estratégias e metodologias assemelham-se às empregadas para o estudo da obra de um filósofo: a análise conceitual, a definição e a demarcação dos conceitos (*Vocabulário* da psicanálise) e as relações e ligações entre eles, além de suas evoluções e o seu lugar nos diferentes modelos e no conjunto teórico; a análise do sistema do pensamento e o arcabouço como um todo, sua coerência interna e o *movimento* do pensamento (de Freud), etc. Procurou-se, também, à semelhança do trabalho sobre um sistema de pensamento, situar a psicanálise na história do seu aparecimento, no seu solo cultural – sua dívida, interlocução e confronto com áreas conexas. A grande parte do que se chamava, em uma época e sob um certo modismo, de "epistemologia da psicanálise" acabou por se confundir com esta imensa empresa de aprofundamento teórico, um *fazer trabalhar* dos conceitos e dos modelos. Isto teve um precioso valor no próprio uso do pensamento teórico-clínico pelos psicanalistas. Por outro lado, o trabalho conceitual, além de estabelecer as diferenças teóricas entre as escolas, possibilitou detectar e identificar os componentes e os "fios soltos" no pensamento de Freud a partir dos quais essas correntes brotaram: de um lado, mapeou-se os vários "continentes" no "mar" freudiano, e, de outro, delineou o desenrolar das idéias, a história dos conceitos e dos modelos em voga. História esta, das idéias, foi e está ainda centrada na obra de Freud, na sua relação com o solo cultural no qual surgiu como nas relações complexas entre a obra, a vida e a origem do fundador[1].

A partir desta descrição – um tanto superficial e resumida de uma parcela considerável da atividade em epistemologia da psicanálise – pode-se perceber os moldes essencialmente filosófico-históricos nos quais tem sido examinado o campo analítico. Portanto, não nos surpreende que muitos, ao procurar uma visão de conjunto do campo analítico – levando em conta a prática clínica e o fato de que nele habitam várias escolas, vários modos de pensar e praticar a psicanálise – tenham adotado a difundida teoria sociopolítica e histórica de Kuhn sobre a atividade científica e suas revoluções científicas.

1. Isto talvez reflita o fato de que, em psicanálise, não se pode demarcar facilmente as fronteiras entre a teoria e sua história. Nem a vida do criador nem o solo cultural no qual a teoria sobreveio são indiferentes ou dissociados do estudo teórico. O analista não pode ignorá-los, além de ser, muitas vezes, ele mesmo integrante da chamada *psicanálise universitária*.

Outro grupo de autores teve como ponto de partida, para o estudo destes problemas, a situação analítica e o método analítico[2]. Tal enfoque a respeito de *especificidade do espaço construído e do método operante ou empregado* sobre um objeto-alvo de conhecimento -- nos permite estabelecer um parentesco com as ciências naturais. A peculiaridade do espaço analítico é proporcionar, mediante a operação do método, o enquadre da cura e do conhecimento. Esses processos, de curar e de vir a conhecer, se fundem um ao outro, ocorrem concomitantemente; são por vezes indistinguíveis, e podemos dizer que, nesse caso, os verbos são sinônimos. Isso é verdadeiro não só para o analista que resguarda o espaço e faz operar o método, mas ainda no próprio sujeito que se submete à análise. Quanto aos processos da análise, eles não constituem em si o nosso tema. Nosso interesse recai sobre as operações e os procedimentos que fazem curar, e que modificam o saber do analista e da psicanálise.

A opinião ou a visão usual do conhecimento é que este se origina de e com observações[3]. Podemos substituí-la por uma outra, que vê o conhecimento como modificação de um conhecimento prévio

2. O fato que existem dois grupos ou duas abordagens – uma centrada na metapsicologia e suas derivadas teorias, e cuja afinidade com o trabalho filosófico é evidente, e outra, que parte do espaço analítico e seu método – reflete, a nosso ver, a dicotomia ou a separação, muito particular à psicanálise, entre teoria e prática clínica. Este é um dos pontos que complexizam a questão da natureza deste campo. Por um lado, sua semelhança com a medicina é muito restrita. A medicina é uma práxis; não tem um objeto de pesquisa próprio nem um método para fazê-la; ela se apóia sobre o saber científico (das biológicas) e usa parte das suas técnicas na arte da cura. Sua relação com as ciências biológicas é análoga àquela que a engenharia e a tecnologia mantém com a física. Existe na medicina uma *investigaçao* para fins epidemiológicos ou diagnósticos. Estes, como também a anamneses, etc., têm suas afinidades com os campos semiológicos e hermenêuticos, mas são longe de constituir uma prática de pesquisa científica propriamente dita.

3. Esta crença é muito difundida entre psicanalistas. Francis Bacon foi o pai epistemológico desta leiga visão. Bion, que centrou sua concepção da mente em torno do conhecimento, era um de seus eminentes seguidores.

(Popper)[4]. A ciência, ao contrário da filosofia e de outros campos, desfruta de um método próprio e único que rege a modificação, o remanejamento e a transformação do conhecimento[5]. A lógica operacional do método é *constitutiva* da estrutura teórica e do "espaço" experimental-observacional do campo científico. Em outras palavras, o método une aqui teoria e prática de forma tal que eles são dificilmente separáveis. Antes de passarmos para a psicanálise, diremos, a título introdutório, que o método científico abriga nele, e tem em sua essência, um caráter crítico. Tendo como objetivo o estudo das *relações funcionais* entre partes de uma realidade pesquisada, o método científico rege a teoria de forma que suas teses e perguntas serão derrubadas e transformadas, respectivamente, pela *ação crítica* dos dados produzidos pelas observações e nos experimentos controlados. Vemos rapidamente que a ciência inventou, com a consolidação do método, um "truque" em que deixa de lado toda a gama de questões como "*o que e/ou por que* existe?" ("What or Why questions"). Assim passa ao largo das emboscadas do essencialismo metafísico – e usa, como único modo de acesso, a questão "*como* funciona?". Em outras palavras, evita-se a clássica e problemática questão d*a verdade*. Imaginamos a ciência, antes, como um jogo de xadrez cujas regras e método constituem o próprio jogo. Quem os entende é obrigado a aceitar e reconhecer a legitimidade dos passos tomados dentro das diferentes "teorias" inventadas e criadas, como também a legitimidade das marchas e dos momentos que definem o jogo. Da mesma forma, as regras do "jogo" científico são coercitivas, obrigando aquele que as entende – o que chamamos de *objetividade* ou publicidade – não por fazer parte de um acordo, mas por serem inerentes, constituintes deste campo.

4. No primeiro momento, esta tese leva a uma regressão infinita, mas isso não terá, em nosso modo de ver, conseqüências perigosas... A discussão, para não desviar do nosso assunto, será retomada mais adiante.

5. Trata-se aqui, evidentemente, da ciência moderna, aquela que é definida por seu *método* – pela racionalidade deste método e apenas dele – forma e caráter desenvolvidos e adquiridos desde os meados do século XVII.

Até aqui sobre a ciência. Apontei no penúltimo parágrafo que o espaço e o método da psicanálise os assemelham à ciência. Uma rápida incursão na literatura psicanalítica que trata da relação entre eles (espaço & método), ou mesmo dos autores que enfatizam um deles, revela argumentos diversos e uma grande discordância. Bastaria recortar deste espectro algumas obras sobre o método analítico para encontrar um gradiente que se criou, desde aqueles que o caracterizam e o fazem pertencer ao gênero literário e hermenêutico, passando por alguns, como LeGuen, que lhe fornece as feições precisas e dignas de um método dialético (científico, segundo ele), até outros, como Herrmann, que sustentam a anterioridade lógica do método, sendo a teoria e a terapia seus derivados. Nossa indagação tem muito a ver com os interesses de Fabio Herrmann. Sua criação de uma *metateoria* a partir do método, e em particular desde sua operacionalidade, nos serviu de estímulo. No entanto, a *teoria dos campos*, por ter seus laços com certa fenomenologia, enfraquece sua pretensão a um estatuto de metateoria, ou seja, para *todos* os modos de praticar a psicanálise. Outro ponto: embora Herrmann ponha a ênfase sobre a operacionalidade do método, nós a perdemos de vista quando lemos seu "material clínico". Assistimos, antes, a "desenhos" de pacientes revestidos pela teoria que ele cria, já que os *campos* passíveis de ruptura constituem, também, assim parece, a "natureza" do próprio objeto[6].

6. A obra de Fabio Herrmann é mais complexa (e *mista*) do que se possa concluir a partir das reservas que colocamos acima. A intenção de apontá-las aqui tem como intuito marcar nossas dificuldades em seguir o autor. A noção de *campo-relação*, por exemplo, denuncia um enfoque específico, de cunho fenomenológico, com o qual o partidário desta teoria trabalha e usa a noção de "campo". O "campo" adquire o caráter de um fenômeno quase concreto, fugindo com isso de uma metateoria em que campo & ruptura pretendia abarcar a operacionalidade de todos os modos com os quais se pratica a psicanálise. Esta incoerência não deixa de produzir suas riquezas: se os liames que o prendem à fenomenologia e à tendência que rejeita a realidade de um inconsciente em ação transparecem por toda parte ("não há inconsciente!" como em Schafer, Melsohn e outros), logo encontramos um "*real*" que cria e determina, etc.. Quanto à falta apontada no material clínico, ela se deve, talvez, a uma certa pressa. Seja como for, é uma obra rica e estimulante que precisa ser retomada.

Freud priorizou, também, e em várias ocasiões, o método analítico, mas nunca deixou de colocar em causa sua dependência da realidade do inconsciente. As naturezas do espaço ou situação analítica, como a do método, são intimamente determinadas e têm, no seu interior mesmo, os pressupostos sobre o objeto. Esta é mais uma característica singular, única, deste complexo campo denominado psicanálise. Para mencionar apenas alguns exemplos, o duplo *apoio/après-coup* – eixo central da argüição de Le Guen sobre a prática do método psicanalítico – pressupõe e abriga, no interior do próprio método, o tempo psíquico. Em Herrmann, em oposição sua afirmação sobre a anterioridade "primitiva e lógica" do método, encontra-se, no limite das rupturas sucessivas dos campos, "a matriz lógica das emoções", o desejo – a "efígie do real" – que determina e está presente, velada e em vários graus, por detrás das máscaras (com sua dupla face de *realidade & identidade*) dos diferentes campos. Portando, o método está tecido pelos fios da teoria.

Tentamos até agora resumir o que se pode encontrar em alguns terrenos desta floresta. Pode-se apenas adivinhar a localização provável deles no mapa. Cogitação que nos serve de referência e orientação para outras vias de acesso pouco exploradas e de estratégias emprestadas para habitar um próprio terreno.

A psicanálise é uma disciplina extremamente complexa. O que nos interessa aqui é expor um *sistema de referência*, pelo qual é possível examinar os supostos modos de conhecer que lhe são próprios, e os procedimentos específicos que constituem sua lógica de descoberta, à semelhança do campo científico, prescindindo de inventá-los ou de vinculá-los a teorias de cada escola, quando estas se debruçam sobre conceitos e elementos psicanalíticos.

Afirmamos logo que a veracidade do nosso paradigma – a possibilidade mesma de tratar a psicanálise em paralelo ao modelo científico-experimental – é posta em questão, está *por pesquisar*, mas para isso será necessário "puxar" esta tese ou tal exercício até suas últimas conseqüências. Isto nos possibilitará, esperamos, traçar mais nitidamente as relações existentes entre a psicanálise e a ciência. Surge, no entanto, a pergunta: o que nos permite empreender um estudo epistemológico que assuma a psicanálise como parte das ciências? Não é por ela estar, apenas, de posse de um método próprio e rigoroso, colocada em ação em um espaço construído, como foi demonstrado acima, mas há também uma razão conexa, de ordem histórica, que não expusemos até o momento.

O método científico, na sua forma atual, emergiu e amadureceu na física ou na cosmologia dos meados do século XVII. As outras disciplinas tiveram de adotar ou propor projetos de forma a adequar seus objetos à operação do método, para serem suscetíveis aos seus efeitos. Na biologia, esta apropriação ocorreu durante os últimos 150 anos, e seus indícios coincidiram com os anos de formação científica do fundador da psicanálise[7]. Brücke (veja nota seguinte) chefiou o laboratório onde o jovem Freud trabalhou entre 1876 a 1882. Sobre o papel de Brücke na vida e destino de Freud, além do testemunho do próprio Freud, temos sua correspondência e biografias. Poucos estimaram a possível inspiração de Freud pelo projeto que Brücke empreendia. Isto não faz parte da nossa tarefa aqui! Basta dizer – e sobre isso há um consenso amplo – que o que Freud mudou depois de vinte e quatro séculos de filosofia foi a possibilidade de conceber um "*aparelho*" psíquico, de forma a poder pôr em ação um método

7. Foi assim que Claude Bernard, da França, propõe, nos meados do século XIX, um projeto para a biologia experimental, delimitando seus contornos dentro da possibilidade de se pesquisar as causas físico-químicas das funções do organismo, deixando do lado de fora do campo científico tudo o que diz respeito à teleologia destas funções e da definição da vida biológica. Esta conquista precisou passar por uma luta política, no centro cultural alemão, então dominante no mundo ocidental, liderada por um cientista distinto, Hermann L.F.von Helmholtz, um berlinese cujo nome, erudição e talento como orador e político o destinou como um propagador natural deste projeto. Ele conduziu um grupo seleto dos quais Ernest Brücke foi seu principal representante em Viena.

próprio que proporcionasse cura e conhecimento[8]. Para utilizar um termo incomum, diremos que ele submeteu o psiquismo a um exame *experimental*. Aqui está a justificativa de nossos exercícios e abordagens.

Vimos como a concepção do método analítico é determinada pela própria qualidade do objeto. Isto já o afasta, já o coloca a uma certa distância do campo científico: o método científico aplica-se igualmente para todas as ciências naturais. O fato de que a ciência se centra nas relações "cegas" e formais, deixando de lado as qualidades sensíveis e imediatas (lembramos aqui de Kant), permite o adestramento de seus objetos de estudo ao método. Quanto à psicanálise, a estrangeiridade do inconsciente *imediatamente sensível* a quem dele se aproxima dificulta tal transposição. Trata-se, no processo analítico, assim como nos privilegiados *insights* gerados na vida cotidiana, de um *vivido*, configurado como tal quando um elemento recalcado adentra a consciência, ou seja, se torna experiência, vivência afetiva. Isso ocorre, como assinala Freud no texto "Inconsciente" de 1915, por meio da *palavra*, de representações de palavras, surgindo concomitantemente ao advir da *imagem* cênica deste vivido. O paciente ou o sujeito, surpresos, identificam aí, não obstante, algo seu, que sempre estava presente (associado e tecido no passado, em cenas infantis), mas do qual não se dava plenamente conta.

Colocando as coisas desta maneira, esclarecemos que, ao propor nosso paradigma não tomamos por dado nem acreditamos que a psicanálise seja uma ciência, mas ela tem algumas bases comuns e semelhantes a ela, referindo-se à própria atividade, à análise, como constituindo a própria atividade de pesquisa deste campo. Esta

8. Com pouca imaginação, percebe-se a analogia entre o projeto de Bernard (Helmholtz e Brücke) – que se restringe ao conjunto ou sistema físico-químico (com topologia, dinâmica e economia) do organismo para submeter o ser vivo ao método científico – e a perspectiva freudiana. O *Projeto de uma psicologia* que Freud enviou a Fliess é uma tentativa extrema de realizar *o sonho* do fundador; é O projeto da obra freudiana.

abordagem nos permite estudar e examinar algo sobre os modos de conhecer e a lógica da descoberta nesta atividade, acentuando e identificando, também, seus laços e suas diferenças com a ciência.

Uma nota sobre o procedimento da investigação

Tentaremos, agora, circunscrever algumas questões referentes ao estudo dos modos de conhecer e à lógica da descoberta no trabalho analítico. Como exemplo, partiremos de um fragmento extraído da primeira sessão do *Homem dos ratos* (Cf. L'Homme aux rats, *Journal d'une analise*, introduzido, traduzido e comentado por Elza R. Hawelka, 1974):

No relato da entrevista inicial (1/10/1907), Freud apresenta o quadro clínico e as queixas do paciente. Dr. Lehrs, advogado, com 29 anos e meio e que se diz sofrer de pensamentos obsessivos desde sua infância, mas que se tornaram particularmente intensos nos últimos quatro anos. O conteúdo dos pensamentos: suspeitas e medos de que algo de mal aconteça a duas pessoas amadas e queridas, seu pai e uma dama venerada por ele. Freud menciona outras perturbações obsessivas como as interdições sobre coisas indiferentes, o impulso de cortar a garganta quando faz a barba, etc. Sofre também do impulso de querer fazer mal à sua venerada dama, embora a obsessão sumisse na presença dela e, por outro lado, sente uma melhora quando está longe dela.

Na primeira sessão, Freud explica ao paciente a regra fundamental. O último relata, de início, a conversa que teve com um amigo, Dr. Guthmann, advogado também, e pelo qual guarda uma grande estima. Este o assegurou de sua integridade moral, dúvida que atormentava o paciente e que o levou a confiar e confessar ao amigo seus pensamentos e impulsos "criminosos". Ele associa, em seguida, com um relacionamento parecido na sua adolescência, aos 15 anos, com Sr. Lewy, um estudante de Medicina, e, portanto, maior de idade (19 anos). Lewy reforçou a autoconfiança do paciente, ao considerá-lo um gênio. Mais tarde, o paciente sentiu uma mudança radical na atitude deste. Lewy passou a humilhá-lo e zombar dele. O "primeiro choque na vida" ocorreu quando descobriu que Lewy se aproximou dele para facilitar o acesso à irmã do paciente pela qual estava interessado. O paciente prossegue para outro assunto; discorre sobre a história de sua vida sexual: lembra das cenas de sedução (aos 4-5 anos) com a governanta, a senhorita *Robert*, tornando-se, daí em diante um *voyeur* compulsivo, desenvolvendo uma fixação ao corpo nu feminino. Depois descreve uma relação parecida com outra governanta, a senhorita Rosa. Aqui ele evoca uma cena humilhante (6-7 anos): escutou uma conversa animada entre Rosa e suas colegas em que a primeira recomenda à colega o irmão menor do paciente para brincar e obter satisfações sexuais, sendo que Ernest (o paciente), "é muito desajeitado para isto!" Novo choque! Ele se sentiu vencido e chorou. Para consolá-lo, ela o levou para sua cama e se deixou tocar pelo menino, satisfazendo suas "grandes necessidades sexuais".

Quando surgiu a frase "a senhorita Robert", Freud se diz chocado: "*le nom me frappe*". Ao finalizar o relato sobre Rosa, Freud procura saber o primeiro nome da senhorita *Robert*, mas o paciente não lembra e não se espanta ou se surpreende de ter esquecido o nome da jovem governanta

O leitor já deve ter reconhecido alguns eixos: a suspeita do paciente sobre sua inadequação "moral" na comunidade dos homens, que o leva em busca de reasseguramento quanto à sua inserção e lugar com os homens, se articula com seus fracassos com as mulheres. Dois pontos fracos, mapeados em episódios traumáticos, ofensas da juventude e infância. O paciente parece emitir a seguinte mensagem: "sou fraco com as mulheres porque fui mal-integrado à comunidade dos homens". Esta moção, homossexual, determina o campo transferencial. Freud declara no fim desta seqüência que ele havia percebido este eixo desde o início da sessão. Afirmação que surge, porém, só *depois* do espanto com a conjunção *Srta. Robert*.

Para sermos mais precisos, diremos que a atenção flutuante ao relato do paciente permitiu a Freud esboçar esta hipótese, mas que se encontrava em *status nascendi*, no plano *pré*-consciente; é somente o pronunciamento "Srta. Robert" que a colocou em evidência, a tornou consciente. Para usar a terminologia de Bion (1963), "Srta. Robert" foi o "fato selecionado" – termo emprestado de Poincaré – que fez emergir o sentido, a hipótese, na mente do analista.

Nosso foco está na descoberta, nos modos de aquisição do conhecimento. Seria diferente se quiséssemos usar este fragmento para ilustrar algo já conhecido, por exemplo, os processos primários, como a condensação no sintoma da fala: "Srta. Robert" é uma condensação do desejo inconsciente e seu impasse. Porém, a configuração particular do desejo inconsciente na neurose obsessiva – ou seja, de que o impasse no endereçamento à mulher se emperra pela dúvida quanto ao lugar do sujeito com os homens – está, neste momento, em via de ser descoberta. Conhecemos as conseqüências que tal descoberta, da moção homossexual, trouxe para a cura do *Homem dos ratos* e da trajetória freudiana, isto é, na questão em torno do pai. O que, aliás, deu logo nascimento ao livro *Totem e tabu*, segundo em ordem de preferência para Freud. Mas, quanto ao tema da lógica da descoberta, é preciso destacar dois momentos: no primeiro, a surpresa que toma Freud, trazendo à luz uma hipótese que até então estava em estado de gestação; no segundo, sua intervenção, única na sessão (pergunta o nome da governanta) em que submete a hipótese ao teste, constatando o recalcamento ("não lembro").

Deixaremos, no primeiro momento, a apropriação e o treino de Freud na atenção flutuante; a comoção, pela fala do paciente, dos elos contratransferenciais, entre outras dimensões e outros aspectos.

Embora a atenção flutuante deixasse em suspenso o contexto teórico, este opera como pano de fundo que orienta a escuta e a observação no espaço analítico. Este abriga as aquisições da primeira tópica com o conhecimento sobre os sonhos, o desejo, a sexualidade infantil e a transferência, constituindo a experiência e o reservatório conceitual do momento[9]. Prova disto encontra-se na escolha dos momentos em que "decide" intervir. Na entrevista, ele não se detém sobre os mecanismos da formação dos sintomas obsessivos, como havia feito nos primeiros trabalhos sobre esta patologia (1894, 1896), mas se indaga e foca a dimensão do sentido da vida afetiva, em relação à dama venerada e ao pai. O *choque* que Freud prova ("*me frappe*") é o início de uma ampliação da teoria que viria a organizá-la em nova configuração; orienta a escuta, a postura (com o paciente), as observações e as interpretações subseqüentes, aprofundando, assim, as questões e prossegue descobrindo a teoria.

9.No livro A *interpretação dos sonhos*, Freud chama a atenção para o fato do processo secundário operar desde o início da formação do sonho, ou seja, no interior do processo primário.

2.

A atividade científica e suas primeiras analogias com o fazer analítico

Os pressupostos do debate acerca do fato e validação clínicos

Propomo-nos a investigar os modos de conhecimento na psicanálise em referência à ciência, isto é, a partir dos textos daqueles que se dedicaram ao estudo de suas metodologias e à estrutura do seu corpo teórico. Este tronco da filosofia é um campo constituído, há quase um século, cujo objeto de investigação, o campo científico, persiste, como tal, desde os meados do século XVII. Já as fronteiras da epistemologia da psicanálise não são – como procuramos demonstrar no capítulo anterior – bem definidos; não são demarcadas em relação à própria psicanálise. Um leitor mais ou menos avisado reconhecerá com facilidade, no próprio projeto que nos propusemos a nos enveredar, questões ou problemáticas da filosofia da ciência, além de uma inclinação clara para uma das suas mais distintas escolas de pensamento (a crítica, na ótica de Popper). Tomar a ciência como eixo de referência, não é só escolha nossa, isolada. Eventos e publicações recentes demonstram o quanto ela infiltra temas centrais e suscita grandes inquietações no meio analítico[10].

10. Em 1989, o tema do congresso international da IPA era "*The Common Ground of Psychoanalysis: one Psychoanalysis or Many?*". A revista *Cliniques*

Apesar do "barulho" em torno desta questão – se a psicanálise é ou não ciência – e de envolver disputas políticas, de prestígio, etc., ela revela, por outro lado, uma séria e autêntica preocupação sobre a natureza de seu campo, unidade, procedimentos – preocupações e indagações que requerem soluções urgentes. No entanto, o tratamento destas é geralmente insatisfatório e provoca, às vezes, um certo mal-estar por causa de seu caráter prescritivo e apologético. Espera-se que questões epistemológicas sejam respondidas e argumentadas dentro de um sistema descritivo coerente.

Contudo, este fenômeno é, em si, muito peculiar e estranho, deixando o epistemologo clássico perplexo: desde quando indagações epistemológicas são assunto para aquele que atua no campo? Jamais cientistas preocupam-se ou reúnem-se para discutir as seguintes questões: o que poderia ser considerado como fato científico? qual é a validade dos procedimentos do trabalho cientifico? entre outras do gênero. Essas não os interessam e não fazem parte de seus ofícios[11]. Os analistas não consideram apenas que essas preocupações sejam cruciais para seu campo como alguns assumem ter boas razões para acreditar que os não-analistas (ou os não-analisados) encontrem-se despreparados para poder julgar e avaliar sua disciplina.

Embora estando convictos de que a atividade analítica constitui uma área de pesquisa e uma fonte de descobertas, ela nos parece

---

Mediterranéennes dedicou em 1994 dois números ao tema "*Popper, La Science et La Psychanalyse*". A revista da IPA, *IJPA* celebrou em 1994 (West Point, USA) seus 75 anos de existência com um evento international "Anniversary Celebration Conference", cujo tema era "*The conceptualization and communication of clinical facts in psychoanalysis*", A segunda parte deste evento foi realizada logo depois (1/4/95) em São Paulo. Cf. vol. 75, part 5/6 da *IJPA*).

11. Os temas do "75th Anniversary Celebration Conference", ilustram nosso ponto. São : 1. o que é um fato? 2. a conceptualização de fatos clínicos. 3. a validação do processo clínico. 4. a publicação dos fatos. Questões e assuntos que têm parentesco com aqueles do epistemologo da ciência, mas jamais foram consideradas e examinadas pelos próprios cientistas ativos e dentro do campo da ciência.

pôr em xeque, do ponto do vista epistemológico, alguns dos parâmetros mais conservados da ciência. Por outro lado, não podemos esquecer que muitos psicanalistas encontram maior afinidade do seu campo com o das artes ou mesmo com a arte e a práxis médica, colocando, conseqüentemente, outros parâmetros em foco. Com razão constata J.B Pontalis: "a psicanálise é como uma tribo nômade, a cada época e lugar é preciso reerguer seus fundamentos".

Quanto a nós, a referência à ciência nos parece, além de tentadora, muito profícua. Criticamos acima as tentativas que foram feitas nesta direção por parte de psicanalistas. Os seus pontos de fraqueza provêm de ter ignorado ou marginalizado questões centrais da filosofia da ciência. É verdade que a chamada questão da *demarcação* – o que distingue a ciência de outros campos e outros modos de saber? –, que vêm ocupando os filósofos da ciência nas últimas décadas, infiltra, de forma velada e sob outros ângulos, escritos e opiniões dos psicanalistas, mas sem que os últimos levem em conta as discussões e soluções sistemáticas dadas a ela nas diferentes escolas de pensamento da filosofia da ciência.

O debate acerca da natureza e funcionamento do fazer científico

Se for notável o quanto as conquistas da ciência despertam inveja, a reverência por ela confunde com freqüência a tecnologia, por ela influenciada, com a produção de conhecimento que lhe é própria. Vale lembrar que desde seu nascimento, o método científico como método de descoberta foi questionado: "o método científico é possível?"; "Existe um método ou um algoritmo da descoberta, uma máquina de fazer ciência?".

É curioso notar que até o fim do século passado dominava uma resposta positiva para essas perguntas; já em nosso século a resposta negativa difundiu-se consideravelmente. Os leigos, por seu lado, tendem a uma resposta afirmativa. Na filosofia da ciência, a questão quanto ao procedimento, "de como se deve fazer ciência", foi classicamente debatida entre duas escolas dominantes do pensamento ocidental, a *empiricista* e a *intelectualista*. A primeira prescrevia a busca de mais e mais achados empíricos puros e uma teorização esparsa baseada sobre eles; a segunda pedia um pensamento claro, distinto e logicamente ordenado. Elas constituem as respectivas concepções do empiricista, Sir Francis Bacon, e do intelectualista, René Descartes.

Os dois prometeram resultados. Eles se empenharam menos em explicar por que tinham tanta certeza que suas prescrições dariam resultados e mais em convencer e argumentar como a poderosa máquina de fazer ciência não foi utilizada até o momento em que eles apareceram na cena da história e recomendaram para as pessoas fazer uso dela. Surge então a pergunta: se o método científico existe, por que foi deixado de lado? A teoria dos erros de Bacon (ou sua doutrina sobre o preconceito) tenta dar justamente conta deste fenômeno curioso. Não se trata aqui, segundo ele, de ociosidade, de desuso da máquina, mas do *abuso* ou do uso indevido dela; ao contrário de outras máquinas, a da ciência, *caso for usada incorretamente, não pararia de trabalhar*. Ao contrário, ela continuará trabalhando e furiosamente; mas o resultado desse mal-uso do método gera o pseudoconhecimento, superstição e preconceito. O abuso do método científico possibilita um uso fácil de evidências empíricas para fins e objetivos não-científicos, isto é, introduzindo erros em nome da verdade. O *input* apropriado à máquina consiste, segundo Bacon, de fatos puros, a puridade dos fatos deve ser buscada zelosamente. Quando ficamos negligentes e adicionamos no *input* uma teoria explicativa vamos, certamente, reencontrá-la no *output*, acreditando ter confirmado sua veracidade. Pior ainda, quando colorimos os fatos com a tinta da teoria, atrapalhamos o processamento dos fatos pela máquina de fazer ciência. Se formos impacientes com o método científico corremos o risco de formar teorias científicas prematuras com a falsa aparência científica. O mau cientista, segundo Bacon, é aquele que não tem paciência de aguardar que os fatos o levem até a teoria; com certa ousadia inventa nova teoria e tenta testá-la empiricamente. Claro! diria Bacon, seu teste não serve para nada porque ele não vai abrir mão da sua teoria simplesmente só porque um pequeno fato a contradiz. Ainda mais, continua ele, caso tratasse de um cientista que tem alunos e seguidores, ele se fixará na sua teoria e, provavelmente, preferisse distorcer, *ad hoc*, seja a teoria ou os próprios fatos em vez de abandonar sua doutrina e suas vantagens. Impossibilitado de curar a teoria com os fatos, ele se tornará prisioneiro do seu erro. É essencial para Bacon que uma teoria seja demonstrada e provada antes de ser apresentada ou utilizada. Uma prova incompleta a assemelha a um delírio; e quanto mais próxima seja ela à prova mais difícil seria detectar o erro, e o perigo seria suscetível a crescer mais.

Bacon levou muito a sério a função integrativa da ciência; sabia, também, que o erro pode adquirir, disfarçadamente, esta mesma função (integrativa), desembocando em uma teoria pseudocientífica. Na ciência, dizia ele, o objetivo central é a integração; é um processo lento, mas seguro, culminando em uma visão integrada do mundo, uma metafísica científica. Já o erro opera rápido e de uma só vez, tomando um lugar central e adquirindo rapidamente *o semblante* da certeza científica.

Embora concordasse com a teoria baconiana dos erros, Descartes duvidou que se possa confiar exclusivamente nos fatos. Para tornar os fatos confiáveis é preciso, segundo ele, iniciar com princípios integrativos certos.

O psicanalista reconhecerá aqui as duas distintas "ideologias" (para usar um termo mais comprometedor que designa o seu sistema filosófico-cultural próprio de referência) implícitas nas tradições ou correntes da psicanálise contemporânea. É para situá-las que efetuamos a longa digressão nos últimos parágrafos. A psicanálise inglesa, aquela que constitui o bloco filiado à IPA, não se deu ainda conta da influência que a concepção baconiana de ciência tem sobre seu uso lingüístico-conceitual ("percepção", "observação", "fatos", "validade" etc.) e sobre o tipo de racionalidade que adota, por meio dos quais legitima "cientificamente" seus procedimentos de produção de conhecimentos, suas publicações, etc.[12] Em contrapartida, a psicanálise francesa argumenta a partir de princípios integrativos da metapsicologia: raramente invoca termos como "observação", "percepção", "fatos" nos seus argumentos; suas vinhetas clínicas jamais se colocam como provas ou têm o poder de decisão e escolha entre hipóteses divergentes (um argumento defendido por André Green, apesar da sua proximidade aos ingleses). Não afirmamos que a psicanálise francesa é cartesiana senão que sua concepção de produção siga os moldes do programa epistemológico de Descartes.

O debate entre baconianos e cartesianos permeia, divide e marca os diferentes posicionamentos de psicanalistas em relação aos procedimentos epistemológicos de seu campo; são fontes de referência que visam legitimar, por meio de códigos lingüísticos-conceituais, suas práticas e suas teorias.

Desde a era baconiana, a máquina científica não parou de trabalhar possibilitando aos metodologistas e aos historiadores da ciência refinar suas perspectivas e concepções que formaram a partir dela, além de aprofundar e transformar os debates em torno dela. Ninguém duvida hoje de que cientistas sempre aventaram hipóteses, fato cuja enunciação gerava susto na era da baconiana. Com o passar do tempo, a prática de aventar hipóteses fora justificada como cautela preliminar para se chegar à teoria científica. Dr. William Whewel foi, nos meados do século XIX, um dos primeiros e mais bem-sucedidos proponentes desta concepção[13]. Embora Whewel, como Bacon, reforçasse o objetivo da ciência como o alcance da

12. Bion é, ao mesmo tempo, o representante desta escola e, também, sua exceção; combinou as "*posições*" kleinianas com os parâmetros baconianos; aprofundou M.Klein e foi além dela para criar a teoria psicanalítica do pensamento com raízes e parâmetros baconianos claros. Por outro lado, aceitou conscientemente a concepção baconiana de produção de conhecimentos além de fundá-la sobre as *posições* de Klein.

certeza, ele estimulou *o exercício imaginativo* dos cientistas. Com a revolução einsteiniana, oferecendo melhor alternativa para a mecânica newtoniana, cai por terra a idéia, a certeza última e *permanece a imaginação* como o único ingrediente no processo do desenvolvimento da teoria científica. A *certitude* newtoniana foi o último caso defendido como certeza científica. Com isso, a questão "o que faz da ciência um saber especial?" abriu-se para três respostas, resultando em quatro escolas tradicionais de pensamento, duas clássicas e duas modernas: *a indutivista* (endossada por Russel), *a instrumentalista* (Poincaré, Durhem e pragmatistas), *a crítica* (especialmente de Popper) *e a pós-crítica* (de Polanyi e Kuhn)[14].

Segundo os indutivistas, a teoria científica torna-se certa, ou pelo menos provável, à medida que se embasa nos fatos acumulados. Para os instrumentalistas, a força da ciência reside na simplicidade e na elegância matemática com as quais expressa suas teorias. Popper, o fundador da escola crítica, alega que as teorias científicas são testáveis, refutáveis – é possível demonstrar empiricamente que são erradas se realmente os fossem[15]. Sua afinidade com Whewel é nítida. A escola pós-critica tem uma visão que combina tradicionalismo com instrumentalismo. Segundo Polanyi, o campo da ciência é, primeira e basicamente, uma comunidade de pessoas

13. "Para enxergar deve-se primeiro especular; nossas especulações são, geralmente, falsas; necessitam, portanto, são refutadas empiricamente; porém, com sorte e ingenuidade pode-se 'cair' numa especulação verdadeira, que não é mais refutável, passando a ser comprovada cientificamente". A ciência começa, segundo ele, com hipóteses – portanto, elementos de risco já que há a probabilidade de nunca podermos encontrar e adivinhar uma boa hipótese: o sucesso não é garantido. Opinião que valeu a Whewel o rótulo de intuicionista e, conseqüentemente, foi banido, por Mill e companhia das fileiras respeitáveis da filosofia de seu tempo.

14. Cf. Agassi, J. (1975).

15. É isso que as distingue de teorias pseudocientíficas ou mesmo do corpo teórico da metafísica. As primeiras não são testáveis embora se apresentassem como se passassem pelos mais severos testes. As teorias metafísicas são simplesmente irrefutáveis.

que compartilham uma atividade – uma comunidade profissional. A ciência não pode ser demarcada de forma abstrata, por um sistema de idéias; é preciso concebê-la como uma comunidade que partilha uma atividade e uma visão do mundo que se modifica de tempos em tempos.

O espaço e o espectro de nosso interesse não nos permitem discutir, debater e criticar essas escolas e suas ramificações na área da metodologia e da filosofia das ciências. Quanto às duas primeiras, as clássicas, seus critérios, apesar de claros, são contraditórios senão falsos. Sobre a crítica dirigida aos indutivistas remeto o leitor aos argumentos de Popper (1959). Quanto aos instrumentalistas, basta lembrar a conclusão de Einstein: "*na medida que as proposições da matemática referem-se à realidade, elas são incertas; e na medida que são certas, elas não se referem à realidade*" (Einstein, 1951). O instrumentalista não tem como decidir entre as mecânicas de Newton ou de Einstein; as duas são elegantes, úteis e válidas nos seus domínios particulares de aplicação; e uma não contesta a outra. Enquanto a primeira escola apega-se à crença da verdade, a segunda desistiu de procurá-la. As duas escolas não concordam com o critério de Einstein de que uma nova teoria deva explicar o sucesso das teorias que as precederam, considerando-as como primeiras aproximações; as teorias científicas são aproximações sucessivas. A definição popperiana da ciência como um corpo de hipóteses explicativas e empiricamente testáveis atende aos requisitos de Einstein.

Sentimo-nos, naturalmente, próximos à escola crítica. Já o relativismo sociohistórico de Polanyi não nos agrada. Para esta escola, a estrutura e a lógica inerentes ao fazer científico e suas teorias se colocam em segundo plano, relegando-os às estruturas psico-socio-políticas dos cientistas e suas comunidades. Com a introdução do conceito de paradigma, Kuhn tentou amenizar e corrigir um pouco este relativismo extremado, mas o princípio permanece o mesmo. Que a comunidade científica é conservadora; que o dogmatismo reina entre seus membros; que ela nunca foi imune a um certo modismo; que teorias ousadas e independentes revolucionam o campo no momento oportuno, no estado de saturação do "regime" anterior -- tudo isso nos parece verdadeiro conquanto banal. O poder atrativo da teoria kuhnian é muito grande (certamente por seus liames com os mitos de origens e dos heróis). Alguns psicanalistas podem ter encontrar nela a possibilidade (além da revolução) de adequar os paradigmas kuhnianos com as diversas escolas que habitam o campo psicanalítico. Este entusiasmo já foi criticado por outros (Mezan, 1990). A escola pós-crítica perde a perspectiva do jogo científico: um jogo tem regras e, portanto, obriga os jogadores a se submeterem a seu caráter crítico. A falha historicista politicizante da escola pós-crítica encontra um paralelo com a falha psicologista do indutivismo – diagnosticada e criticada inicialmente por Hume e, na era poskantaiana, por Popper (1959, 1982).

A revisão panorâmica das correntes da filosofia da ciência parece ter uma relação indireta apenas com nosso projeto. Já aludimos ao fato de que a maior parte dos psicanalistas julga-se fazendo ciência, aderindo aos critérios dos velhos debates entre empiricistas e intelectualistas enquanto ignoram as concepções modernas do tema. O que preocupou tanto as escolas tradicionais como as modernas é o fato de que os princípios integrativos de uma teoria podem fazer com que se ignore as hipóteses contrárias – não importa o quanto essas estejam testáveis – encontrando para ela ajustes *ad hoc*, etc.[16]

16. Princípios integrativos da teoria são freqüentemente adotados e adorados e uma hipótese, formulada nos seus conformes, pode ser apresentada seja como parte do próprio princípio ou como um fato, dando a ilusão de que o fato foi explicado; ou talvez, que o próprio fato resultou de um teste bem-sucedido do princípio integrativo. Já vimos, a este respeito, as advertências baconianas. Os indutivistas encontram na probabilidade matemática as chaves para solucionar este problema. Os instrumentalistas alegam que a matemática evita ou previne tal desvio, enquanto os pós-criticos nos dizem que este mal é inevitável e recomendam que nos comprometamos com a ideologia ou o paradigma reinante. A análise popperiana mostra-nos como a estrutura da teoria, de suas hipóteses e da experimentação, em suma a pesquisa científica, permite decidir entre hipóteses.

O método une teoria e experiência

Já que a certeza perdeu seu lugar, resta saber como a experiência exerce a ação crítica sobre a teoria ou como o fato permite decidir entre hipóteses concorrentes. Afirmamos no início do livro que a ciência moderna é definida por seu *método*, a racionalidade deste. Sua lógica é *constitutiva* da estrutura teórica e do "espaço" experimental-observacional. O *método une, então, teoria e prática* de forma tal que eles são dificilmente separáveis, ao contrário do que ocorre na psicanálise. O método científico abriga nele, e tem em sua essência, o caráter crítico. Sendo o objetivo da atividade científica o exame das relações funcionais, questões como "*o que existe e/ou por que algo existe?*" são deixados de lado. Na ciência, o único modo de acesso ao objeto é por intermédio da questão: "*como* funciona?"; assim, evita a clássica e problemática questão d*a verdade*.

Surgem, assim, as duas seguintes perguntas: em que medida resolvemos as questões dos princípios integrativos? Qual é a relevância do método científico para a lógica da descoberta em psicanálise?

O que é importante na ciência são as questões e não o conteúdo da teoria ou de seus achados[17]. Entretanto, não se trata de questões do tipo "está chovendo?". Com Popper condenamos, e nos colocamos contra a corrente positivista que vê na ciência um sistema de proposições, devendo satisfazer o *critério lógico* como o da *significância* ou o da *verificabilidade* da proposição. O acento deve ser posto sobre a teoria em seu conjunto, ou seja, o conjunto hipotético-dedutivo. Não se pode *ver* "como funciona"; é possível *ver*, sim, se "está chovendo". É a hipótese, a argumentação que dá conta das relações

17. Para o lugar marginal do conteúdo, os historiadores da ciência nos fornecem muitos exemplos. O tempo na teoria da relatividade encontra seu precursor na teoria do tempo de Leibniz, embora tenham faltado ao último os parâmetros mensuráveis e quantitativos. A problemática do atomismo do tempo na mecânica quântica tem seus precedentes, antes do Cristo, nas especulações budistas e do quimerismo islâmico sobre o tempo.

funcionais. As proposições científicas são sempre gerais mesmo quando se referem a algo concreto. Derivadas da hipótese, algumas relações são testáveis, prevêem ou predizem a gama de observações ou reconstruções experimentais que podem vir a refutá-las ou a apoiá-las para se abrir, em seguida, sobre novas questões e novas hipóteses. É verdade que o espaço observacional/ experimental é "*theory-dependent*", é contextualizado dentro do eixo teórico das hipóteses, mas, estando estruturado pelo método, permite decidir se a teoria será mantida ou remanejada[18].

Importante assinalar que a racionalidade do método é precondicionado por um programa óculo. O método restringe-se ao estudo de *relações funcionais* "*cegas*" de uma realidade (Kant é imprescindível aqui). Evita-se todo o contato com *o objeto ou a coisa em si*; ou seja, ele se restringe apenas aos princípios formadores da razão. A *causa efficiens* fica, mas ficam de fora todos os elementos referentes à *causa finalis* e ao significado[19]. A biologia – cuja alma fora desde sempre o arrazoado teleológico – precisou empenhar-se

18. Argumentação essa que pode parecer extremamente ingênua face às equações da mecânica quântica nas quais o espaço experimental não permanece mais, ou em princípio decisivo. Não somos competentes para lidar com essas questões que já foram debatidas por Popper e seus alunos. Do pouco que sabemos, tanto na termodinâmica como na mecânica quântica, as fórmulas indeterministas e da incerteza são derivadas ou decorrentes de outras fundamentais, medidas e passíveis a testes (o inverso é impossível). Seja como for, a física moderna não nos parece ter mudado o caráter essencial do método científico, seus modos de descoberta e conhecimento como alguns, entre eles os psicanalistas, se apressam em afirmar. É lamentável que psicanalistas encontrem, muitas vezes, falsas analogias com as interpretações (de físicos) aparentemente subjetivas como a famosa frase de Heisenberg: "uma física 'objetiva' neste sentido – isto é, uma divisão estanque do mundo entre objeto e sujeito – deixou de ser sustentável" [*an 'objective' physics in this sense, i.e. a sharp division of the world into object and subject has indeed ceased to be possible*].

19. O pensamento aristotélico que dominou o campo científico até os séculos XVII-XVIII era centrado em torno de *significados explicativos* (dando vez aos princípios integrativos da metafísica); o racionalismo era intrínseco ao seu pensar. Já na ciência moderna, o racionalismo está na coerência metodológica do dispositivo experimental e das teorias que versam sobre relações funcionais

para adequar seu objeto à operação do método: Claude Bernard, da França, propunha, nos meados do século XIX, um projeto para a biologia experimental delimitando seus contornos dentro da possibilidade de se pesquisar as causas físico-químicas das funções do organismo, deixando fora do campo científico tudo o que dizia respeito à teleologia destas funções e a definição conceitual da vida biológica (C.f Delouya, 1994).

Com este panorama, pensamos ter tratado da primeira pergunta acerca dos princípios integrativos e do método científico. O que permite passar para a relação do método com o espaço e a doutrina psicanalítica.

O espaço e o método analítico: problemas

Bastaria confrontar o "programa" metafísico acima (os pré-requisitos para a aplicação do método científico) com o campo psicanalítico para impedir qualquer possibilidade de conversa entre o campo da ciência e a psicanálise: o contato e qualidade imediata e sensível *da coisa* do inconsciente – o essencial do trabalho e da coisa analítica – já afasta a psicanálise de todo e qualquer pressuposto do método científico e do seu recurso quantificável – experimental. Por

---

cegas (desprovidas de significados). Como exemplo da razão explicativa, que tudo explica, lembramos os antigos quatro elementos de Tales ou, na vida biológica, os conceitos da entalquia aristoteliana ou do vitalismo drishiano. O melhor exemplo talvez seja a teoria hippocratica dos humores que dominou a ciência e a medicina até o século XIX: segundo ela, a vida provinha dos fluidos, dos humores que, também, eram quatro: o sanguino, o flegmatico, o da bilha amarela e o da bílha negra. Esses explicavam, *em toto*, a vida, da saúde à doença, da imunidade à morte; e mais, da alegria e felicidade à amargura do viver. Para salvar estas hipóteses dos males explicativos e confirmativos nos quais todo e qualquer fato verifica o que já é suposto, elas passaram a ser formuladas em um contexto de um programa mecanicista cego (relações não-significativas), como na teoria humoral da imunologia desses últimos 30 anos.

outro lado, Freud partiu de, ou inaugurou um *aparelho* psíquico com suas dimensões topo-estruturais, dinâmicas e econômicas que, surpreendentemente, verificam ser paralelas às disciplinas científicas nas quais atuou entre 1876 e 82 (histologia, anatomia e fisiologia). A semelhança, como aludimos acima, com o programa de Bernard (na biologia) é inegável. Vale repetir que aos esforços de Bernard filharam-se, no mundo científico alemão, a escola de Helmoltz cujo representante em Viena não era outro senão Brücke[20], o chefe de laboratório do jovem Freud. Sabemos do grande peso que teve na vida do pai da psicanálise. Por intermédio de Ellenberger, Sulloway, Ritvo, entre outros já procuramos mostrar que a biologia foi a verdadeira fonte das metáforas e dos modelos para o aparelho psíquico de Freud.

O que nos coloca no âmago de um paradoxo: no que tange do psiquismo, o modelo do *aparelho* coaduna-se com os pressupostos do método científico. Contudo, este parentesco se desfaz uma vez que o acesso à sua montagem e seu funcionamento desenrolam-se em meio ao universo das qualidades psíquicas derivadas do contato único e imediatamente sensível com o objeto. Ainda que ignoremos as críticas popperianas às teorias do aparelho psíquico freudiano, o método analítico prescinde-se de princípios (no sentido kantiano) que constituem as possibilidades do conhecimento científico. A discussão filosófica em torno dos modos de conhecimento – *res publica* versus *res privata* – é de extrema relevância aqui. Apesar disso tocaremos apenas em alguns dos aspectos relativos ao método e ao espaço analítico[21].

---

20. Ele ficou famoso pela sua espirituosa frase: "A *teleologia é como uma dama sem a qual o biólogo não consegue viver, mas com quem tem vergonha de ser visto em público*".

21. Contudo, não podemos deixar de comentar uma das questões mais instigantes, senão intrigantes, da filosofia ocidental: o problema psicofísico, ou de mente-corpo atravessa a filosofia ocidental desde Sócrates e até os dias de hoje apesar de muitos filósofos modernos a considerarem ultrapassada. Entre as quatro soluções principais que lhe foram dadas durante essa longa história (o dualismo interacionista, o paralelismo dualista, o epifenomenalismo materialista e o monismo) o primeiro abriga, no plano epistêmico, uma visão que tenha encontrado um amplo consenso. Seja como for, o grande problema

Ocorre aqui uma certa inversão do método científico: ao contrário da ciência, ocorre um certo deslocamento e uma separação entre a teoria e a prática; o pressuposto "mecânico" (relações funcionais e formais entre partes do aparelho) migra para fazer parte da teoria. O método analítico atravessa, visa atingir e resgatar o contato com o objeto. Por outro lado, o meio de fazê-lo é análogo senão inspirado pela ciência embora as particularidades de cada uma sejam regidas pela especificidade de seus objetos. Os dispositivos para a observação e a experimentação científicas, assim como o espaço e a situação analítica são *construídos*, e de certa maneira, artificiais; eles compartilham também objetivos e posturas estratégicas semelhantes:

---

da relação ou interação – entre mente e corpo – permanece, em princípio, incompreensível; é ininteligível para a *res publica* do método científico e é, também, inapreensível se examinado pela direção contrária da *res privata*. Na realidade, o que vemos são correlações e como disse Mace "existem apenas correlações que nunca poderão se tornar inteligíveis... ("*there are just stark correlations which can never be made intelligible, indeed correlations which we can see in principle could never be made intelligible*"). Não se trata de um problema sobre o qual não se tenha ainda resposta, mas de um problema sobre o qual *não se pode ter resposta*. Segue um exemplo, não propriamente psíquico, mas psicocognitivo: "vejo um quadro sobre a parede". O quadro sobre a parede pode ser descrito pelas categorias com as quais descrevemos elementos do mundo externo ao passo que "eu vejo" é um fato interno e, portanto, não passível de ser descrito pelas mesmas categorias. É verdade que o mecanismo anátomo-fisiológico da visão pode ser examinado, em princípio, da mesma forma que se investiga o processo no qual um objeto é captado pelo filme fotográfico; tanto o filme como o aparelho visual não vêem, no entanto, coisa alguma; *somente o sujeito vê*, atributo irredutível à função e aos mecanismos do seu aparelho visual.

Dizemos acima que se trata, no fundo, de um problema irracional. Porém, existe aqui uma dimensão na qual Freud revolucionara esta velha questão. O dualismo não constitui nossa posição "natural". A nossa sensação de base, a nossa vivência imediata é de uma unidade psicofísica ao passo que a dicotomia entre mente e corpo é secundária, fruto de nossa reflexão. Freud percorre um caminho inverso à reflexão ocidental: ele parte e se mantém perto da imediatez vivêncial (e desta unidade) nela resgatando, com a análise, o corpo infantil e sexual – o inconsciente. Os modelos do corpo biológico (já que amarrados nesta unidade) servem-lhe de rede conceitual para captar e criar o aparelho psíquico.

a análise (solta aos olhos o liame com o "desenho" de um *aparelho psíquico*): na ciência, a quantificação e a medida (auxiliados pela matemática) sob condições controladas. Na psicanálise, *o enquadre* e *a linguagem*. Do ponto de vista kantiano, nota-se o quanto cada um – ciência, de um lado, psicanálise, de outro – uniformiza-se no conjunto teoria&método&espaço; no primeiro, a opacidade e os aspectos formais do objeto, no segundo, a sensibilidade imediata, a qualidade vivencial da estrangeiridade do inconsciente[22]. Não sabemos se a medição, o controle e a matemática tiveram a mesma importância para a ciência como foi, para a psicanálise, a revolução da invenção do enquadre ("*setting*") e a descoberta dos aspectos da linguagem por meio dos quais o inconsciente se depreende para sua descoberta e conhecimento teóricos.

Tanto na ciência como na psicanálise pretende-se fazer crer que a teoria e os processos descritos *existem ou ocorrem lá*, são gerais e independem dos dispositivos por meio dos quais foram descobertos e colocados em evidência[23]. A vontade de demonstrar a universalidade daquilo que se descreve faz com que se oculte ou se ignore os meios pelos quais os descobrimos. O que foi dialeticamente difícil sustentar é a relação entre a separação-reunião entre a existência dos processos inconscientes e o procedimento de colocá-los em evidência. O essencial do trabalho analítico, seu método, efetua-se pela linguagem e por intermédio da linguagem. A

22. A referência a Kant é evidentemente adaptada e emprestada aos nossos fins. É um Kant necessariamente degradado pela analogia.

23. É só a partir dos impasses técnicos que os cientistas começaram a levar em conta os elementos específicos de seus dispositivos. O problema da medição, geral para todas as ciências, já aparece, na mecânica quântica, conexo ao princípio da incerteza, cada medida física envolvendo uma troca de energia entre o objeto mensurado e o aparelho que mede (incluindo do próprio observador; daí as conclusões de Heisenberg acima citadas). Essas compensações de medição são importantes ainda que se trate de escalas macroscópicas. Na química e na biologia, toma-se o cuidado de colocar em perspectivas os contextos *in vitro* versus *in vivo*. A manutenção do enquadre analítico coloca-nos diante de questionamentos análogos.

linguagem faz parte desta aparelhagem *psicanalítico* que é o enquadre[24]. O aprofundamento na questão do enquadre e da linguagem pode nos mostrar toda a fecundidade que possa ter sua comparação com a aparelhagem e os meios do trabalho científico. Felizmente, à medida que cientistas foram forçados e obrigados a voltar e direcionar suas atenções ao dispositivo por meio do qual traziam à luz sua descoberta, foram obrigados, também contra suas vontades, a levá-lo em conta no cerne de suas teorizações. O mesmo ocorreu com o dispositivo analítico. No entanto, o papel da linguagem na psicanálise não encontra um paralelo fácil na ciência.

A linguagem e a fala são, evidentemente, de extrema complexidade além do imenso acervo e trabalho de lingüistas e de filósofos em torno delas. Cabe a quem quiser examinar o papel delas no dispositivo analítico buscar o interesse que possam ter os trabalhos de lingüistas e filósofos para o trabalho analítico. Nesse sentido, podemos apenas referir o leitor ao trabalho relativamente recente de André Green (1983). O autor mostra-nos todo o interesse da linguagem pelo que remete ao extralingüístico, isto é, de um lado, a realidade psíquica e, de outro, e a material-externa, e não somente no efeito do inconsciente sobre ela, como nos atos falhos, no chiste, etc (veja o próximo capítulo). Paradoxalmente, a linguagem desdobra ou redobra a função analítica do enquadre ainda que o faça somente por meio deste último. A função do enquadre é, precisamente, tornar acessível à escuta a função mediadora da fala na retórica do inconsciente. O inconsciente estabelece com a linguagem apenas relações de intersecção. A linguagem funciona, dentro do aparelho psicanalítico do enquadre, como meio (também, e talvez naquilo que é precisamente nela pré-verbal) de acesso à alma viva da análise, isto é, o campo da transferência e suas decorrências no plano intersubjetivo. A linguagem e o enquadre serão o tema do próximo capítulo.

---

24. O termo e a idéia (emprestadas do dispositivo científico) são de Green (1983).

Resumindo esta etapa, verificamos o seguinte: ao examinarmos, à luz da filosofia da ciência, a relação crítica existente – na ciência e na psicanálise – entre as descobertas e a teoria, fomos levados a comparar os pressupostos dos seus métodos e os dispositivos dos quais se utilizam para implementá-lo. A comparação pareceu-nos extremamente fecunda, principalmente em benefício de questões epistemológicas da psicanálise e das discussões no seio do seu campo. Ao contrário das discussões acerca da ciência, aqueles que dizem respeito à psicanálise são dificilmente separáveis da própria teoria analítica. Explicitamos, em parte, ao que se deve essa dificuldade: o método passa pelo contato com a qualidade imediatamente sensível – e, ao mesmo tempo, estrangeira – de seu objeto, o inconsciente. As possíveis correlações e antagonismos com a ciência permitem uma abordagem mais fecunda e proveitosa para esclarecer a fundo questões epistemológicas da psicanálise.

3.

O EFEITO DO ENQUADRE SOBRE A FALA NA SITUAÇÃO ANALÍTICA

No capítulo anterior, procuramos mostrar que a comparação do método científico com o da psicanálise é fecunda: os dispositivos por meio dos quais se adquire o conhecimento (na ciência, o espaço experimental/observacional; na situação analítica, o enquadre) são, em ambos, *construídos*, e de certa maneira, artificiais; esses visam e abrigam objetivos semelhantes, isto é, *analíticos*. A análise pressupõe a existência de relações funcionais entre partes de realidade pesquisada. Mostramos que o modelo teórico – proposto por Freud – de um *aparelho* inspira-se na ciência. Porém, o fazer científico submete-se à lógica operacional do método por meio de um dispositivo puramente *exterior* – observação e medição (com o auxílio da matemática) em condições controladas – ao passo que o método da psicanálise é marcado pela *interioridade*; é atravessado ou tocado pela *coisa*, pela qualidade estrangeira do inconsciente, que se depreende pelo enquadre e linguagem que, embora revelem uma face exterior, veiculam e remetem a uma qualidade interior[25].

Não desenvolvemos, ainda, e explicitamente o significado desta experiência. Para lidarmos com esta questão é necessário fazer uso de ferramentas teóricas e práticas da própria psicanálise. Em outras

25. Destacamos a revolução da antiga questão psicofísica pela invenção freudiana do enquadre, combinando, desta forma, um método interior com uma inspiração científica introduzindo o *aparelho*.

palavras, a psicanálise não se assujeita a um discurso que lhe é exterior, ou seja, *epistemológico*. E mesmo dentro do campo psicanalítico, a apreensão e compreensão da teoria só são efetivas à medida que realizadas sob o modo associativo, interior[26]. Em virtude da importância do enquadre analítico e seu efeito sobre a linguagem, tentaremos elucidar neles a dialética transicional entre o exterior e interior para a qual aludimos acima.

A seguir, descrevemos como a indagação acerca do efeito do enquadre sobre a fala na situação analítica remete, forçosamente, à situação de origem, ou seja, da constituição do sujeito psíquico em relação à linguagem.

A evidência de que a linguagem e a fala habitam o coração da experiência analítica levanta, com certa pressão, a questão quanto ao lugar (a tópica), a função (a dinâmica) e o modo de ação (a economia) da linguagem no processo analítico. Contudo, tal indagação não se esgota e não pode ser reduzida ao fato de o encontro entre paciente e analista restringir-se apenas à troca de falas. Nossa intuição de que a fala é o nervo e o sangue do que advém na análise é acompanhada, também, de uma impressão inevitável de que aquilo a que ela dá acesso – e sem a qual lhe faltaria, fundamentalmente, a apreensão do universo psíquico que ela deixa entrever – *é de uma ordem diferente da essência da linguagem*, no umbral da qual encontra seu limite. Limite que não é apenas da linguagem, mas revela uma limitação por parte daquilo que lhe é exterior – além ou aquém dela – em cruzar a barreira das palavras. No entanto, este limite não seria percebido senão pela linguagem.

26. Que a psicanálise coloque seu epistemólogo em uma situação paradoxal não deve fazê-lo recuar e outorgar este papel somente aos próprios psicanalistas. Mantendo-se sensível a este fazer e contrapondo-o com aquilo que tenha sido adquirido do estudo sobre a ciência, ele poderia, quem sabe, lançar uma luz sobre *o modo de acesso* a uma região que foi tradicionalmente fadada – pela renovação metafísica de Kant (a mesma que instaurou as condições e as possibilidades da ciência) – a uma eterna escuridão. Essa, porém, talvez tenha sido reconquistada pela invenção freudiana do enquadre que possibilita acessá-la aos modos do método analítico.

Que haja na fala a possibilidade de deixar entrever uma região *extralingüística*, ou seja, que haja um certo recuo de seus limites "naturais", isso é mais acentuado ou incitado em certas práticas da linguagem como no exemplo vivo que é a poesia. Na literatura psicanalítica, tem-se falado muito sobre os liames que parecem ligar o efeito poético com aquele engendrado pela escuta do discurso analítico. Porém, estes encontros inesperados entre os procedimentos poéticos e os mecanismos supostamente em obra na produção do discurso psicanalítico, precisam ser mais bem elucidados. Para a exploração desta comparação é preciso discernir o papel ou a natureza da força que exerce o contexto, o entorno – melhor seria dizer, *o enquadre* – sobre a linguagem, para que tais efeitos sejam produzidos: a poesia está circunscrita pela especificidade das regras que a regem no contexto da escrita e da leitura e escuta. Já o contexto da situação psicanalítica, no qual se inscreve a produção da fala em cada um dos protagonistas, foi situado no ambiente mais próximo à troca verbal: assim, o discurso do analisando tem sua especificidade em seu consentimento de associar livremente na presença de um sujeito suposto entender, como se admite também que a resposta deste último não seja obrigatoriamente imediata; se houver resposta, ela só será do tipo verbal. Do lado do analista, o fundo de silêncio sobre o qual emergirá, eventualmente, sua fala justifica-se pelo exercício da atenção flutuante e da neutralidade benevolente que marca sua escuta. Green (1983) lembra-nos de que até muito recentemente a inteligibilidade da troca analítica foi restrita somente a esses fatores; e que a experiência analítica foi examinada em termos articulados à linguagem: silêncio, *fading*, variação nas tensões do discurso, resistência e *insight* – efeitos que poderiam ser reportados à transferência. Só recentemente esta experiência tem adquirido seu sentido dentro do meio mais amplo e mais específico do enquadre analítico[27].

27. A ocultação do papel do enquadre não é necessariamente intencional, embora muitos inovadores da técnica tentem fazê-lo: é verdade que, tanto na ciência como na análise, é preciso *esquecer* do enquadre para poder

A ocultação do enquadre é conexa à perplexidade sentida frente ao fato de que apesar da série de depurações sucessivas a qual Freud submeteu o dispositivo analítico, reduzindo-o somente à troca verbal, ele nunca se deu ao trabalho de apresentar uma teoria sobre a linguagem, sendo que esta nunca acedeu, na sua teoria, a um lugar digno de um verdadeiro conceito.

Que a linguagem possa, sob coação ou condicionamento do enquadre, dar acesso a um universo que a análise visa atingir, defronta-nos com uma série de questões. Uma delas refere-se às relações de homologia e correspondência entre duas ordens – da linguagem e do inconsciente – que possibilita à primeira conduzir a segunda. A resposta não pode partir apenas dos efeitos circunscritos e tangenciais do inconsciente sobre a linguagem, como nos atos falhos (involuntários) ou nos chistes (deliberados), ou seja, a partir dos *sintomas* do *discurso*, mas de uma relação de ordem geral e global que um sistema tem com e para o outro. Outra questão é quanto ao enquadre, seus componentes e o modo pelo qual estes exploram esta potencialidade da linguagem.

O enquadre é – na situação analítica – *manifestamente ocultado*. Já a questão da linguagem nos interroga com certa insistência. Se o analista funda sua ação sobre a troca verbal – supondo que é o meio mais seguro para colher tudo o que o inconsciente do seu paciente tem de transmissível, e considera, do seu lado, a escuta e a interpretação como instrumentos mais apropriados para desfazer os nós e as barreiras, cujo enraizamento no inconsciente entrava o funcionamento psíquico –, surge, então, a necessidade de precisar

submeter-se a ele. Porém, há o desejo de que os processos descobertos e descritos sejam gerais e universais e que independam dos dispositivos por meio dos quais foram postos em evidência. Como cientista ativo em vários laboratórios (1876-84), Freud tinha consciência do efeito que podem ter os procedimentos técnicos sobre os fatos descobertos. Existe sempre o risco de tomar as descobertas como artefatos do próprio enquadre. A única maneira de escapar desta crítica é submeter o próprio enquadre a uma interpretação. Porém, em psicanálise, é o enquadre que realça os eixos interpretativos que permitem interpretá-lo.

as relações de homologia e de correspondência que ligam e separam essas duas ordens: a da linguagem e a do inconsciente. Omitimos, é verdade, a menção da transferência que confere a esta troca toda sua especificidade. A abordagem de Freud sobre uma certa transformação de representação de coisa (no inconsciente) em representação de palavras (pré-consciente) ainda é muito descritiva.

Ao se referir ao trabalho analítico, Freud destacou (no *Pequeno Hans*, 1909) uma relação que é, ao mesmo tempo, de compatibilidade e de incompatibilidade por causa da resistência e do recalque – entre o discurso consciente e o inconsciente do paciente. E ao lado desta, uma compatibilidade entre a interpretação do analista e o complexo inconsciente do paciente; ou seja, uma *dupla compatibilidade*, do discurso consciente do paciente com seu complexo inconsciente, como entre o conjunto desses dois e o discurso do analista que dotaria o sujeito do poder de reconhecimento. O que transparece aqui com força é o fato de que *um só conjunto verbal* (do paciente) *comporta dois discursos*. É *a fala* na situação analítica que transforma, em parte (Freud usa o verbo *assemelhar* no *Pequeno Hans*, 1909), o complexo inconsciente em discurso – criação que não recobre o complexo por inteiro. Esta *assemelhação* já é uma aquisição de uma *ligação*, colocando o complexo atuante e isolado em circulação entre os dois participantes da situação analítica. O analista é tomado – *por assemelhação* – como parte deste complexo. Trata-se, pois, da fala mediar uma dupla circulação: *intrapsíquica e intersubjetiva*. Esta seria a situação ideal. Entretanto, Freud enunciará uma verdade negativa: a intervenção não levou em conta um elemento diacrônico – os ponteiros (expressão de Green) do paciente e do analista não marcam a mesma hora; a comunicação verbal, em vez de restabelecer uma continuidade entre o consciente e o inconsciente, tropeça, freqüentemente, em um fator que resulta em um fracasso. A ancoragem no inconsciente opõe-se ao movimento (à facilitação, segundo Freud) para o consciente. Limitação a ser esclarecida pela fala já que o traumatismo, ao abrigo do qual ela se encontra, constitui *para ela* – já que ela é o único recurso e único elo com o objeto da sua demanda – o reconhecimento do complexo inconsciente. É desta maneira que a linguagem, na análise, torna-se testemunha de forças de outra natureza, que se colocam em oposição à sua tentativa de reunião intrapsíquica e intersubjetiva. Podemos conjecturar que *o complexo de castração*, no seu sentido mais amplo, constitui a relação de base da linguagem na situação analítica. Defrontamo-nos, então, com o seguinte paradoxo: a abertura desejável para a dupla reunificação só é possível mediante o reconhecimento do complexo de castração. Mas é precisamente este complexo que tanto leva o sujeito para a análise como esta não tem outra coisa a oferecer senão a troca deste complexo pelo seu reconhecimento, o que constituiria o ponto de mutação, de cura. Todo o problema é saber se este reconhecimento e sua ocultação dependem apenas de fatores intrínsecos à fala, já que tudo que sabemos sobre a linguagem e a fala ocultam esses fatores e sua natureza[28].

Qualquer que seja o papel da fala e da linguagem na situação analítica, este não encontra por completo sua razão de ser na ordenação funcional que se tem atribuído a ela nas outras formas de discurso. Portanto, os componentes e as relações estruturais da linguagem, aos quais devemo-nos reportar para examinar seu papel na situação analítica, divergem daqueles que subentendem tais funções[29].

---

28. Ver A. Green 1983, *op.cit.*, pp. 30-32. Freud transfere-nos para o âmago desta questão, afirmando que esta assemelhação é mediatizada pelo efeito do enquadre sobre a fala situação analítica, além desta transformação (a assemelhação transforma o complexo inconsciente em discurso, pondo-o em dupla circulação – *intrapsíquica e intersubjetiva*) constituir o coração e a essência daquilo que se desenrola na análise: a evocação e o trabalho com as primeiras inscrições e tudo que o domínio da *transferência* abarca. Entende-se porque esta mediatização pela fala na situação analítica nos interroga sobre as vertentes do enquadre e da linguagem (e principalmente da articulação da segunda pela primeira) que dota a fala de tal competência.

29. Referimo-nos à escalação complexizante de suas quatros funções: sinalizante, expressiva, descritiva e argumentativa (Popper & Eccles, 1977). Uma semântica clássica daria conta das duas primeiras, e o formalismo generativo de Chomsky, das últimas.

Abordar globalmente a linguagem a partir da situação analítica leva fatalmente a um arrazoado interior à própria teoria e experiência analítica (parágrafo anterior), nos defrontando com um impasse epistemológico. Seria útil se pudéssemos verificar se as teorias dos lingüistas são fechadas sobre si (*self-contained*) ou se algo da *coisa* psicanalítica é pressuposto nos seus fundamentos[30]. Infelizmente, trata-se de uma via de exploração que não nos é facilmente acessível. Contudo, um exemplo pode lançar alguma luz sobre a peculiaridade da linguagem como meio, quase que exclusivo, para atingir e conhecer a realidade psíquica:

A linguagem é considerada, depois de Saussure, como um sistema de signos; esses podem interagir com signos não-lingüísticos. Mas estando todos esses signos *signos* uns para os outros, de que eles poderiam ser signos *que não seja um signo*? (Green). A questão do referente ou da relação da linguagem com o que lhe é exterior se coloca com toda a força. O papel do signo é de representar, ocupar o lugar de *outra coisa*, evocando-a a título de substituto. Esta *outra coisa* da psicanálise é ela mesma um sistema de signos não-lingüísticos. Podemos pensá-lo como sistema de representações, mas o interessante aqui é do sistema lingüístico configurar-se como *substituto de substituto*. Este redobramento, da função de substituição, é específico à psicanálise, pedindo a questão: o que se substitui pelo substituto do substituto? Eis todo o interesse do duplo sistema de representação em Freud: representação de objeto (primeira substituição) e representação de palavra (a substituição da substituição que é a representação de objeto).

30. É, de fato, para a última opção que Freud parece tender em seu artigo de 1910 ("O significado antitético das palavras primitivas"): segundo ele, a linguagem carrega os traços discretos de um estado antigo em que a coexistência dos contrários, que é um traço característico do inconsciente, era difundida correntemente nas línguas antigas. Assim aponta os elos que parecem existir entre a linguagem e uma mito-poesia sensual que o formalismo atual esforça-se em eliminar. Eis a solução para a aparente incompatibilidade entre linguagem como alavanca da cura e o enraizamento do inconsciente em fontes primitivas (até biológicas).

A discussão que se segue aborda esta questão a partir do fonema, centro da atenção da escola estruturalista, oriunda de Saussure e Jakobson, que insistiu sobre as relações existentes entre a fonemática e a significação das palavras.

Linguagem, enquadre e realidade psíquica

O fonema é a unidade mínima, átomo do discurso da fala e linguagem. A fonemática revela-nos a capacidade *distintiva* da linguagem no seu nível mais elementar. Ela coloca em evidência o fato de que os fonemas são constituídos de *feixes de traços distintivos* de forma a poderem formar *conjuntos de significantes vazios de significação* com propriedades combinatórias. *As oposições diferenciam as significações*. Por outro lado, a determinação de mudança de significação depende da oposição discriminante, porém vazia de significação (embora estas oposições encontrem um apoio no mundo natural)[31].

Todavia, a especificidade psíquica do fonema foi reconhecida desde cedo: Jakobson sublinhou o papel da sinestesia para a qual o *sentido* colabora. Se o fonema foi a porta de entrada da formalização, se ele instaura no fundo da atividade lingüística *a relação negativa*, é preciso ainda reconhecer que a última articula-se a *um positivo* ou a uma marca *expressiva* que a qualifica. Foi Jakobson quem destacou a função poética "*co-presente na fala de todo ser humano desde sua primeira infância*". Constatação que nos remete à função fonemática em relação à voz da mãe.

31. No entanto, esta grande descoberta comporta dificuldades já que somente um intelecto que dispõe do sentido da significação pode cogitar *negativamente* o "vazio da significação". Sabemos que esta descoberta levou a uma tendência geral de formalizar a linguagem designificando-a. A verdade é que esta tendência derivou-se da dificuldade de cercar, precisar e captar o conceito de *sentido*. "O sentido existe, é uma evidência, um dado imediato, mas sem que possamos dizer algo mais sobre ele" (Bloomfield citado no texto de Green).

A função fonemática não é inerente ao fonema, mas é fundada sobre uma aquisição, por parte do bebê, da competência em discriminar a voz da mãe. Ou seja, o binarismo fonemático desdobra-se em um outro, o das vozes do bebê e da mãe. A ausência da voz materna, nos intervalos de sua presença, daria ao binarismo fonemático uma dimensão segunda: instauraria uma relação de reunião – nascida da troca entre as vozes do bebê e da mãe –, na qual a emissão vocal vinda do sujeito carregaria uma mensagem, única, que re-evocaria solitariamente um diálogo ausente. A relação negativa, no princípio do funcionamento fonemático, marca a linguagem pela ausência do outro[32]. O próprio binarismo pré-significativo, das vozes mãe/bebê, constitui-se por uma dialética negativa entre a ausência e a presença da mãe. Em outras palavras, é a negação (do corpo e da presença da mãe) que subentende a possibilidade da instauração de uma oposição, um binarismo (a discriminação da voz materna), que é conseqüentemente assimétrico e sobre o qual se apóia o binarismo fonemático. Defrontamo-nos, novamente, com uma das questões fundamentais na psicanálise: o papel do NÃO ou da negatividade na instauração do psiquismo, do sujeito e do outro[33]. O binarismo fonemático ergue-se sobre um outro, também fonemático, porém histórico (a discriminação da voz da mãe), e este é, por sua vez, condicionado

32. A célebre frase de Lacan de que o significante é aquilo que representa um sujeito para um outro significante tem toda a força aqui. O conceito de subjetividade se transformará para a idéia de que não há sujeito senão para um outro, ou melhor, é por intermédio do outro que se constitui o sujeito. Este núcleo inquebrável é enquadrado pela fala, pela estrutura enquadrante binária. Conseqüentemente, tanto a relação do sujeito ao outro como entre o significante e a representação fundam-se sobre o fato da fala *reportar-se a seu objeto* no interior de sua função referencial, ou seja, em função *da invisibilidade* do *destinatário* da mensagem. Na situação analítica, o referente é procurando nas mediações das trocas transferenciais/contratransferenciais, encontrando, assim, sua fundamentação estrutural.

33. Cf. "Ética, Judaísmo e Psicanálise: sobre a con-*tradição* judaico-cristã" In Delouya (2000).

por algo que não pertence, e não é puramente da linguagem. Na realidade, o binarismo instaura-se por uma força terceira que é a negação ou seu aspecto de relação (negativa), resultando em um binarismo que é conseqüentemente assimétrico. A ausência da mãe traz à tona toda a sua importância: presença e positividade (o corpo, o prazer, a sexualidade) e é pela ausência ou negatividade que se instauram, conjuntamente, o sujeito e o outro (neste lugar assimétrico). Portanto, a fórmula de Lacan de que "o inconsciente é estruturado como linguagem" perde, cada vez mais, sua força. Em vez disto, preferimos afirmar ser o real (o *não*) – fundante do sujeito – que encarna e determina a estrutura da linguagem a ser "recrutada" para o trabalho psíquico.

Ver-se-ia que a relação negativa, que cerne a estrutura mais fundamental da linguagem, abriga – e justamente nas oposições vazias de significação, no silêncio da fala –, o poder de evocação deste corpo que a análise visa atingir. É este poder de evocação, de *dar existência aos inexistentes*, que denominamos a função poética da fala na análise, embora esta seja trivialmente prosaica[34]. Eis a porta de entrada para os elementos expressivos, a mensagem e o sentido. A *distância* da linguagem torna sensível o grão de poesia – tesouro da linguagem (Saussure) – que cada enunciado esconde por detrás de sua banalidade[35]. O efeito de distância cabe, na análise, ao enquadre. Qual é a relação que estabelece com o trabalho da linguagem?

34. A troca verbal habitual comporta em si uma tendência à insipidez: ensurdece, em geral, a vitalidade da fala, o que levou alguns ("Notes on the theory of schizofrenia", 1954 in Bion, 1967) a ligar a aquisição da linguagem pela criança com os processos de luto da fase depressiva (Klein). A fala na situação analítica – o efeito do enquadre sobre a linguagem – tira a linguagem de seu luto (Green), devolve ao outro a figura dos objetos de desejo que uma renúncia o condenou à sombra.

35. Delimitamo-nos apenas a este átomo da linguagem, o fonema, para ilustrar como a linguagem abriga os traços da fundação do psiquismo. Para um tratamento mais abrangente da linguagem que aborda a frase, a sintaxe, a referência, a mensagem e o sentido, veja Green, *op.cit.*

Da mesma forma que o princípio de realidade, a negação e a ausência disparam a constituição do sujeito pelo *Outro* (o inconsciente), assim como fundam a linguagem nos seus primeiros estágios (o binarismo instaurado pela discriminação da voz materna) – para que a fala pudesse permitir a constituição do sujeito pela ausência do outro –, o enquadre analítico reedita a distância ou esta dialética de princípio, no plano da realidade – a presença ausente (Fédida) da mãe para que a linguagem retrabalhe a constituição do seu sujeito. *A mesma relação de princípio, entre a instauração do psiquismo e da linguagem, reitera-se, então, na relação entre a fala e o enquadre da situação analítica*[36].

Tanto a linguagem como o enquadre são marcados pelos aspectos formais, reais, materiais ou *externos* cujo caráter é *negativo*; tencionam e agem *negativamente*, recortando e resgatando um vivido *interior*. "O que é o inconsciente senão a *positivação* de uma *relação negativa* fundada sobre uma *ausência*?!" (Green). É esta dialética que constitui o espaço *transicional*, entre interior e exterior (Winnicott). A linguagem parece redobrar a função do enquadre. Mas a negatividade que constitui o último impõe um distanciamento no interior da linguagem; em outras palavras, condiciona e contextualiza a função evocativa da linguagem na análise. O enquadre a imita e a atinge e está na base de um estado invisível que constituiu o sujeito[37].A ilustração, a demonstração e a

36. O dispositivo analítico procede de uma estratégia complexa: limita a informação preceptiva, suprime a visibilidade do objeto e restringe ao mínimo as possibilidades do ato; aumenta, assim, a emergência de representações de desejo, dando-lhes um campo de exercício muito mais extenso ou obriga as representações do objeto a se transformarem em palavras, em signos lingüísticos organizados em discurso desencadeado pela associação livre; diminui a diferença e a distância entre os dois tipos de representações, de coisas e de palavras. Como se o uso da fala assinalasse o regime que governa as representações de objetos inconscientes. A colocação em palavras dá nascimento aos efeitos de sentido que portam a marca do novo.

37. Veja Delouya, *op.cit.*, onde detivemo-nos com mais vagar sobre os aspectos constitutivos do enquadre e da situação analítica.

explicitação de alguns dos componentes estruturais do enquadre e da linguagem não poderiam prescindir de termos e pressupostos da *experiência e metapsicologia*, entre os quais o de *aparelhagem psicanalítica* (enquadre & linguagem) pela qual se revela, se coloca em evidência. Isto confirma uma das dificuldades do discurso epistemológico sobre a psicanálise: este não pode adquirir plena autonomia em relação a ela. O caráter interior por excelência da psicanálise parece responsável por esta eventualidade.

4.

A DESCOBERTA NA SESSÃO: QUESTIONANDO OS PROCEDIMENTOS

Como na ciência, as características do espaço analítico e sua "aparelhagem" exercem ao modo negativo uma pressão, tendo o efeito de espraiar e destrinchar – *análise* –, para colocar em evidência as relações, as associações. Mas, ao contrário do que ocorre na ciência, essas não são cegas, não são mecânicas. As palavras que constituem a rede associativa, trazem, ou são trazidos à vida – isto é, em forma de imagens do vivido – pelas cenas inconscientes que passam a circular no plano intersubjetivo. A qualidade, a de um vívido, é aquela para a qual nos referimos como imediatamente sensível e estrangeira, em função do levantamento do recalcado. Entretanto, este efeito do enquadre, em colaboração da linguagem, é coextensivo à matriz constitutiva, estrutural, da realidade psíquica, isto é, à castração. Eis mais um aspecto para o qual não encontramos um paralelo no objeto científico.

Neste capítulo, passamos a tratar do efeito da função negativa do enquadre e suas aparelhagens sobre o processo que desencadeia, o analítico, examinando a possível lógica (se há) que o determina. Como no capítulo anterior limitarmo-nos em apenas alguns aspectos. Aqui a ilustração provém do exame de relatos de sessões do *Homens dos ratos*, de Freud (1974).

A esperança de que seria possível deduzir, a partir de dada seqüência de fala e atos do paciente na sessão, procedimentos logicamente formalizáveis que explicariam a intervenção do analista como efeito da primeira, foi frustrada, embora a procura ou o objetivo desta natureza possam ter sido subentendidos na exemplificação metodológica que fizemos no primeiro capítulo. A tentativa de encontrar na sessão analítica procedimentos análogos àqueles que regem a perlaboração de uma questão científica (em relação a uma hipótese formulada) defrontou-nos com dificuldades.

Nosso trabalho com as sessões clínicas do *Homem dos ratos* – o único documento desta natureza que sobreviveu do imenso trabalho do fundador da psicanálise – e nossa experiência clínica e de colegas permitem a configuração apenas *aproximada,* parcial a que se encontra no trabalho científico.

É possível delinear estruturas flutuantes, portanto abertas, que se assemelham aos procedimentos científicos, porém situadas em um contexto diferente e em uma especificidade qualitativa diversa. Essa seria a conclusão geral. Vale a pena precisar melhor as coisas: que haja um contexto teórico e resultados ou dados prévios dos quais derivadas hipóteses estão sendo, de alguma forma, testadas em relação aos fenômenos observados ou pela reação ou interpretação que o analista profere em dado momento – isso é, certamente, muito próximo a que se faz na ciência (releia nossa análise da primeira sessão do *Homem dos ratos*). Esta constatação é muito geral além de não existir na análise um paralelo com o controle e com os critérios precisos de refutação de uma dada hipótese. Uma racionalidade desde uma observação – isto é, não a partir de uma vivência –, ou a partir de um arrazoado hipotético-dedutivo, semelhante àquele utilizado na ciência, dificilmente nos possibilitará captar a razão de uma dada intervenção, seu efeito e as conclusões que derivamos a partir deles. Não pretendemos demonstrar o caminho que nos levou a esta conclusão negativa a partir da pesquisa realizada sobre o relato das sessões.

Outra hipótese que examinamos, e que é aliás de Freud, de que na psicanálise ou na análise compreende-se ou explica-se um dito ou um fato pelos enunciados ou fenômenos que os seguem e não por aqueles que os precederam, como ocorre na ciência (a causalidade). Este princípio expressa, de fato, o objetivo da regra fundamental e da associação livre, que representam o verso do sobredeterminismo psíquico. Mas, neste caso, também, devemos ser mais nuançados já que este princípio averigua-se somente *a posteriori*, e portanto, é pouco útil se for tomado, seja como princípio de método, seja como conselho prático: como saber distinguir qual dos momentos ou do que se segue (os "depois") aos enunciados (e pode vir depois de um ano ou mais) é significativo para compreender e intervir; como privilegiar um princípio sobre outros para que sirva como elo entre os enunciados, sua relação com a hipótese precedente e para a formulação de uma nova hipótese?

Nossa tentativa em desvelar procedimentos que abriguem uma lógica operacional da descoberta, exterior à lógica interior à operação do aparelho psíquico, fracassou por ter acreditado ou presumido que esta poderia ser encontrada em um nível de análise formal e exterior, ao passo que a especificidade do método analítico reside na sua interioridade, na qualidade expressiva intrapsíquica e intersubjetiva como se depreendem das forças coordenadoras ocultas do enquadre e da linguagem[38]. É para estes que desviamos o rumo da pesquisa da qual apresentamos, até o momento, somente um recorte ilustrativo. Compreendemos, então, que qualquer estudo que tentasse procurar obter um desenho ou uma lógica do fazer e da descoberta em psicanálise deve levar em conta esta interioridade a qual visam atingir os vértices deste campo (enquadre e linguagem). Iniciamos, assim, seu exame.

38. Outros trabalhos que fizeram uso de métodos da análise literária incorrem no mesmo erro, da exterioridade, além de distorcer o caráter analítico do fazer psicanalítico ao lhe aplicar princípios de união e reunificação em torno da significação. Refiro-me aos trabalhos de Ricouer e mesmo aos de Fabio Herrmmann nos quais uma certa hermenêutica rege a sua *arte de interpretação* (1991, Brasiliense).

Fragmentos da análise do Homem dos ratos

Distinguimos dois níveis ou tipos de descobertas em relação ao caso clínico, em particular, o do *Homem dos ratos*. No primeiro, trata-se das descobertas que movem o processo de cura do paciente. No segundo, é a modificação que essas podem ter efetuado na metapsicologia desenvolvida até a publicação do caso. Há uma ampla concordância entre os analistas e os estudiosos da obra de Freud de que este caso lhe permitiu refinar e enriquecer a função do ódio na elaboração do complexo de Édipo, um dos pilares da metapsicologia freudiana; a descoberta da ambivalência originária a ser destacada nos ensaios do livro *Totem e tabu* (1912) e nos artigos sobre *Pulsões e seus destinos* (1915). Descobertas derivadas de modificações e de ajustes efetuados na compreensão detalhada dos mecanismos obsessivos e da problemática com que se depara *o Homem dos ratos* e o obsessivo em geral.

No primeiro capítulo, descrevemos as queixas do paciente na entrevista com Freud: pensamentos obsessivos de que algo de mau aconteça a duas pessoas amadas: seu pai, já morto, e a dama que ele venera. Analisamos fragmentos da primeira sessão e perguntamos se teria uma lógica na seqüência regressiva dos lugares ocupados pelo amigo Dr. Guttmann, Sr. Lewy, etc. (veja o projeto) e até a senhorita *Robert* – o ponto ou a ponte de passagem entre a amizade ou a fidelidade masculina (homossexual) e os lugares ocupados pelas figuras femininas (governantas) que despertaram sua vida sexual – de forma a levantar uma hipótese sobre a moção homossexual (o sobrenome masculino, Robert, choca Freud), podendo averiguá-la: o paciente ignora o nome sem surpreender-se pelo esquecimento, evidenciando o recalcamento.

Para nós, é *a imanência analisante* do enquadre[39] agindo sobre o complexo singular e inconsciente para destecê-lo desde sua superfície

39. Referimo-nos aqui às funções ocultas (negativas), porém estruturantes do enquadre que incluem a continência (*enquadre*), do silêncio do analista

até seu núcleo na seqüência das figuras e dos acontecimentos, a ele associados; são cenas sobre as quais sua trama foi montada e travada, tendo em Freud o apoio – este passa a se integrar às cenas, ao substituir algumas das personagens do desfiladeiro histórico no qual este complexo é tecido.

Que somente a palavra, Robert, o sobrenome masculino da governanta despertou a atenção de Freud para postular a hipótese da moção homossexual, faz da palavra testemunha e resultado da ação do enquadre que põe a qualidade intrapsíquica do complexo inconsciente em circulação intersubjetiva. A palavra não só anuncia e inicia a cadeia significante (Robert, Resi, Rosa, Hof*rat*), que levará ao rato, representando o elemento central da problemática do paciente, mas, ao criar a ponte entre a moção homossexual e as atividades sexuais infantis, expressa (nome masculino de uma mulher) e aproxima o desenrolar da sessão, para desvelar a intricação dos dois componentes no complexo inconsciente do paciente. Pois no momento em que Freud pergunta sobre o nome da moça que o paciente ignora, este passa a falar – além das ereções, masturbação e a culpa inconsciente que o afligiram aos seis anos – sobre os desejos ardentes que tinha nesta idade, de ver mulheres se desnudar, desejos que se acompanhavam de um afeto penoso ligado à idéia de que o "*pai poderia morrer*". É este o elo com a segunda sessão em que na vivência de um *relato* de um suplício e no drama desenvolvido em torno do pagamento de uma dívida que se encontra o elemento central da análise.

No meio das grandes manobras na Galícia, há cerca de dois meses, o paciente, oficial do exército, perdeu seu par de óculos, entrou em contato com seu oculista em Viena para que este lhe enviasse um par novo pelo correio. Nesta tarde sentou, durante uma parada, na companhia de oficiais, entre os quais se encontrava um capitão do qual o paciente tinha medo por ser um homem que manifestava uma

(Green 1976) e sua *presença ausente*. São esses que garantem a eficácia da regra fundamental.

visível inclinação pela crueldade. O capitão queria introduzir punições corporais às quais o paciente se opunha energicamente. Neste paradeiro, o capitão relata um suplício no oriente... Uma angústia irrompe no preciso momento em que o paciente se põe a fazer o relato do suplício, ouvido por ele mesmo da boca do capitão que simplesmente contava o que havia lido em um livro. Neste momento, o paciente levanta-se do divã, pede a Freud poupar-lhe os detalhes do suplício... Freud assegura-lhe que não tinha nenhum gosto pela crueldade e não queria torturá-lo, porém, não há como dispensá-lo de algo sobre o qual não tem poder[40]. O paciente prossegue. O grande terror suscitado pelo relato foi o de introduzirem nesta tortura ratos penetrando pelo ânus. Durante o relato o paciente parece totalmente tomado pelo conteúdo do que diz. As próprias palavras parecem se transformar no lugar alucinatório da ação que descrevem. Enquanto fala, Freud nota no rosto do paciente uma "expressão estranha" que descreve como o do "*horror de uma volúpia por ele mesmo ignorada*". Com grande dificuldade, o paciente relata que foi assaltado durante o relato por uma "representação" – por trás da qual se esconde, segundo Freud, sob o efeito da censura, um desejo – que esta tortura era exercida sobre uma pessoa querida (tratava-se da mulher amada e, como vem a saber depois, o próprio pai). Respondendo a uma questão de Freud, o paciente afirma que não é ele quem aplica, na sua "representação", o suplício. Não é difícil adivinhar a hipótese que foi se despontando em Freud: o torturador era o próprio paciente. A confirmação não tardará a aparecer na maneira com que suas idéias obsedantes acoplavam-se às correspondentes sanções. O paciente prossegue contando que na mesma noite recebeu os óculos em um pacote

40. Freud – preconscientemente – acolhe e sustenta o lugar transferencial que o complexo inconsciente do paciente destina-lhe: o do capitão cruel. Em certo momento, "num estado de estupor e confusão" chama Freud de "meu capitão". Porém, a distância do enquadre permite-lhe se deslocar dela por meio de uma fala – "não gosto de crueldade" –, movimento que possibilita ao paciente prosseguir na fala e elaborar este sonho desperto no qual se aglutinou o núcleo do seu complexo e sua neurose.

entregue pelo mesmo capitão, pedindo que reembolsasse um certo tenente que retirou a encomenda no correio. Neste momento, uma injunção de um caráter imperioso – "você deve devolver as 3 coroas e 80 ao tenente" – o coloca em uma farsa torturante. Mas não vamos entrar nela agora. Tecemos primeiro algumas considerações sobre o material desta sessão, os elos que estabelecem com o núcleo do complexo do paciente para esboçar a seguir algum modelo sobre a questão que nós ocupa:

No relato do suplício, assiste-se ao movimento da revolta e desafio ao capitão e suas crueldades, movimento que encontra, mais tarde, o seu paradigma na cena infantil (3 ou 4 anos), em que o menino, ao ser castigado pelo pai, o impressiona pela fúria com que reage contra ele. O suplício dos ratos relatado para Freud, em meio ao "*horror de uma volúpia por ele mesmo ignorada*", sucede à "representação" do paciente, o que leva a pensar que ora se trata do paciente sendo o objeto de coito paterno, lugar ocupado pela figura transferencial do "capitão cruel" e... por Freud, ora o horror e a volúpia e sua "representação" o colocam no lugar do rato, o pênis imundo, sádico-gozador que morde e penetra o ânus do pai e da mulher venerada. O pivô da neurose aqui é o "*o ódio infantil contra o pai*", sendo a intensificação do amor pelo pai uma compensação reativa. É este conflito que organiza suas obsessões e sermões. O ódio será vinculado mais tarde ao pai interditor que impede as satisfações sensuais do menino, porém predomina aqui o ódio recalcado e não a fantasia libidinal. A problemática paterna será desvendada no decorrer da análise pelo surpreendente poder de significação e o jogo a que a palavra rato ("*ratte*") se presta; remete e nela se condensam uma multiplicidade de cenas e áreas da "sensibilidade complexual"[41]. O pai interditor torna-se não só objeto

41. *Rate*, prestações, dividendos, evocando a dívida do pai no jogo; Spiel*ratte*, rato de jogo, jogador, hei*raten* – casar que remete à questão conflitual do pai e à sua própria; Ratz-criancinha que remete à esterilidade da dama; rato como animal que transmite doença, evoca a sífilis, o pênis e a suposta infidelidade do pai.

de amor, mas de suspeita e de desconfiança o que transparece abundantemente ao longo da análise. Nas suas obsessões, até mesmo a da farsa do reembolso, encontram-se a tentativa e o fracasso em fazer face a essas insuficiências paternas na escolha matrimonial e no domínio financeiro; conflitos esses que seriam transferidos na cena da análise em relação ao Freud e sua família. O ódio aqui – o rato que ataca o pai (e se atacará a Freud) – é contra o pai falho, sua insuficiência em sua função interditora. A falha paterna é uma falha interna e, como tal, é fonte de ódio permanente, o que o rato vem representar. É este o impasse da elaboração do complexo de Édipo, condição para o sujeito situar-se em seu desejo (que se apresenta aqui como indefinidamente inacessível a ele) e alcançar uma posição identificadora estável.

As notas citadas visam apontar como a cena de suplício condensa dentro dela o nódulo do complexo do paciente e suas histórias de formação, faladas e re-encenadas no palco da análise e postas em circulação intersubjetiva. O apoio transferencial permite re-elaborar a questão paterna; possibilita gerar as hipóteses sobre o ódio, a ambivalência originária e a desintricação pulsional.

Voltando à questão da lógica

A questão da lógica da descoberta na análise é vinculada ao processo analítico. O material clínico de Freud demonstra como o dispositivo do enquadre – este laboratório psicanalítico – coloca o que chamamos do problema complexual do paciente sob forças que o decompõem, ou melhor, o destecem ou o destramam desde sua superfície e levando progressivamente até seus feixes nodulares. Mediante este processo, cenas e vivências que nele se precipitaram – como centríolos de aglutinação e cristalização – são evocadas e convocadas à cena da situação analítica na qual o analista torna a fazer parte das personagens que as compõem. Esta descamação processiva revela a organização temporal/histórica e tópica do complexo, cujas interligações e conexões submetem-se a uma argüição seguindo os eixos e conceitos internos à teoria analítica[42]. Na superfície, é verdade, as conexões compreensivas (como neste material clínico) fazem uso do raciocínio *apoio/après-coup* anteriormente mencionamos. Porém, a lógica da descoberta, que daria eventualmente conta dos elos e do procedimento da descoberta, deve considerar os eixos fornecidos pelo lugar do analista e sua fala no contexto do enquadre. Ao falar, o paciente reporta-se a um objeto no interior desta função referencial. Mas tanto este objeto, como a transferência para o lugar ocupado pelo analista, não é assinalado na literalidade semântica da frase enunciada. A tomada deste lugar pelo analista (função enquadrante) ao mesmo tempo em que dela se desloca (função analisante) para facilitar o desenrolar da análise, também não podem ser derivadas da literalidade

42. O analista é o guardião do enquadre na sua função enquadrante (continência) assim como de uma função analisante à medida que facilita o desatamento progressivo deste complexo inconsciente: acolhe o lugar transferencial que o complexo inconsciente do paciente lhe destina, mas, com certa diferença (releia a fala de Freud com respeito à crueldade), propiciando, assim, o destecimento, o trabalho analítico. Assim, ele cumpre e se reune à função do enquadre. O efeito do enquadre e da linguagem encontra sua racionalidade naquilo que a teoria psicanalítica designa como o complexo de castração (no sentido mais amplo do termo) ou na base matricial do complexo de Édipo, na *presença ausente*.
Na ciência, como vimos, o espaço construído, o dispositivo experimental propicia análogos efeitos, analisante e enquadrante, e, como a aparelhagem psicanalítica, pode encontrar sua racionalidade na teoria científica já que é feito da mesma realidade para a qual se dirige esta teoria. Porém, aqui existe uma diferença categórica: não se pode derivar o efeito do enquadre analítico a partir de seus componentes externos, físicos, mas da natureza interna, intrapsíquica, estrangeira e inconsciente – isto é, da própria experiência analítica e seu arrazoado teórico; este último só poderá ser compreendido no interior e a partir desta experiência. Um outro aspecto conexo – que diferencia este dispositivo do da ciência – diz respeito ao analista que é parte integrante do processo, toma parte e trabalha junto para o efeito que o enquadre acaba suscitando.

semântica da sua resposta. O mesmo vale para o efeito que esta exerce sobre o paciente (veja a cena do capitão cruel e a fala de Freud: se Freud reagisse "não sou o capitão cruel" talvez tivesse obturado o desenrolar deste momento). Portanto, é no nível da mensagem (pré- e inconsciente), evocada por meio da fala, que este processo ocorre. Se procurarmos uma lógica – e que daria conta da intervenção do analista em consonância com sua função de guardião do enquadre, facilitando a análise sob o efeito do enquadre – ela deve se articular neste jogo que *circula entre as realidades intrapsíquica e intersubjetiva* que se forma por intermédio da linguagem e das imagens que esta veicula[43]. O que quer dizer que uma lógica desta natureza precisa se utilizar de conceitos e ferramentas da própria teoria psicanalítica e, em segundo lugar, partir de uma reflexão sobre o processo subjetivo que antecede e envolve a intervenção do analista. Para isto não basta basear-se em relatos clínicos de outros, mas na própria experiência clínica e na ação refletida por meio de supervisões clínicas. É para esta conclusão que fomos levados por este complexo trabalho. Existem, na literatura, alguns modelos instigantes, porém esses se restringem à interpretação ou à intervenção do analista. Para dar um exemplo sobre as linhas ao longo das quais nossa pesquisa nos leva a trilhar, explorar e testar a aplicabilidade para o material que temos em mãos, cito apenas um trecho do trabalho de René Major (1976) no qual tenta extrair um modelo sobre "O *processo lógico da interpretação e o lugar do interpretante*": '*não há olhar sobre o inconsciente do outro que não passe pela escuta d'un non-dit qui s'inter-dit en soi même* (de um não-dito que se inter- dit(g)a em si mesmo)'.

43. Sem ela não podemos entender a atenção ao nome de Robert, como a ligação da expressão no rosto do paciente que fizeram Freud perguntar o que perguntou e dela derivou certa hipótese, etc. Embora nos referíssemos ao processo de cura, da análise que é um processo de descoberta e transformação, constatamos, a partir dos fragmentos do caso, que as hipóteses formuladas são vinculadas com este processo e nele entrelaçadas.

5.

A SITUAÇÃO ANALÍTICA E A TRANSFERÊNCIA

Pretendemos partir de algumas notas introdutoras para retomar e esclarecer alguns pontos já expostos nos capítulos anteriores: uma descrição epistemológica dos processos e acontecimentos que se desenrolam em uma sessão de análise deve se utilizar da lógica inerente ao enquadre e sua aparelhagem principal, a linguagem. O enquadre e a linguagem, dos quais o analista é o guardião, incluem as duas funções, *continente* (enquadrante) e *analisante*, constituindo as feições particulares da matriz edípica que as estrutura. Na análise das primeiras sessões do *Homem dos ratos*, pode-se deduzir esta *imanência analisante* do enquadre, agindo sobre o complexo singular do paciente destecendo-o ou destramando-o desde sua superfície e progressivamente até seus feixes nodulares. No decorrer deste processo, vivências nele cristalizadas vão sendo evocadas e convocadas à cena da análise; o analista passando a substituir-se às personagens que as compõem. Descamação processiva que revela a organização tópica, temporal/histórica e econômica (o grau de viscosidade) do complexo, cujas articulações singulares no sujeito em questão tanto adquirem uma inteligibilidade dentro da teoria psicanalítica como podem vir a transformá-la. A dialética neste processo deixa despercebida, ou apenas implícita, a relação particular que existe entre o dispositivo analítico (enquadre/fala) e a transferência; e, também, entre a estrutura constitutiva (a matriz edípica) do primeiro e o processo analítico.

A forma pela qual procedemos parece dotar o dispositivo psicanalítico (enquadre e fala) de uma precedência lógica em relação à transferência. Entretanto, o dispositivo psicanalítico tem sua eficácia na transicionalidade por meio da qual se depreende a qualidade expressiva interior, intrapsíquica e intersubjetiva. Esta passagem (transicional) não é inteligível em termos formais. Já a transferência é entendida na interioridade subjetiva do complexo.

Ao nos referirmos ao complexo de castração no sentido mais amplo, não presumimos que o processo analítico consista em apenas um modo de perlaboração do complexo de castração (o recalcamento, como na neurose). Em vez disso, pensamos que as vertentes específicas do processo e da *análise* dependerão da organização psicopatológica no paciente em relação a esta matriz constitutiva do sujeito, do complexo da castração, com suas várias modalidades: recalque, recusa ou rejeição que determinam, respectivamente e grosso modo, os adoecimentos neuróticos, perversos e psicóticos com seus graus intermediários. Portanto, qualquer ingrediente operacional do enquadre, da linguagem e da função do analista terá um efeito muito particular e deve ser ajustado às diferentes classes de pacientes (Green, 1976).

Se a *gestalt* invisível da situação analítica é a matriz edípica, encarnada nas formas e "cores" da estrutura e história singulares deste complexo no sujeito, ao falar, o paciente reporta-se a um objeto no interior da sua função referencial. Porém, este objeto, como sua transferência para o analista, lugar que o enquadre realça, não são assinalados na literalidade semântica das frases que enuncia, nos assuntos que traz a sessão. Tudo passa como se o ambiente, a vivência e a fala atravessassem, se dirigissem e circulassem entre *lugares* ocupados por precipitados psíquicos revestidos das marcas e inscrições da história do sujeito. Entretanto, esses ficam, na maior parte do tempo, afastados da consciência, tanto do paciente como do analista. Neste estado, o analista – por meio da sua disponibilidade psíquica e pela palavra que profere – acolhe os lugares que o paciente lhe designa ao mesmo tempo em que deles se desloca. Mas aqui também os efeitos que exercem com sua fala e conduta não podem ser deduzidos da sua significância imediata, literal ou manifesta, mas da lógica dos lugares instaurados. Portanto, o processo se faz no nível da mensagem, pré-consciente e inconsciente, evocada pela fala e pelos atos, em meio à manutenção, do lado do analista, da *justa distância*.

Uma ilustração clínica nos auxiliará para explicitar este processo:

Trata-se de um caso clínico de Winnicott sobre "um homem de meia-idade, casado, com família, e bem-sucedido numa profissão liberal"[44]. O autor precede a vinheta com a seguinte frase: "na fase atual da análise comigo chegou-se a algo novo *para mim*. Relacionava-se à maneira pela qual eu entrava em contato com o elemento não-masculino da sua personalidade".

"Numa certa sexta-feira, o paciente falava de maneira usual, quando me impressionou o que dizia sobre a *inveja do pênis*" (em vista do material e sua apresentação). "Eu lhe dissera, nesta ocasião particular: 'Estou escutando uma menina (*girl*). Sei perfeitamente bem que você é homem, mas estou escutando e falando com uma menina. E estou lhe dizendo: você está falando sobre inveja do pênis'"[45]... "Após uma pausa, o paciente dissera: 'se eu falasse a alguém sobre essa menina, seria chamado de louco'". Winnicott comenta: "foi *minha observação seguinte que me surpreendeu*... Falei para ele: 'Não é que *você* tenha contado isso a alguém; sou *eu* que vejo e ouço uma menina falar, quando na realidade, vejo em meu divã um homem. A pessoa louca *sou eu*".

44. O trabalho de análise deste paciente já somava um período de 25 anos, sendo Winnicott o último de vários terapeutas. Apesar de uma considerável mudança que foi ocasionada em sua personalidade no decorrer das várias análises que tinha feito, o paciente se asseverava de que ainda existia algo que o impedia de deixar o tratamento: "ele sabia que não tinha encontrado aquilo que o levara à análise" ["The Split-off Male and Fenale Elements to Be Found in Men and Women" (1966) In: Winnicott, 1989].

45. "O efeito profundo causado por essa interpretação indicou-me que ela foi apropriada... O trabalho iniciado nesta sexta-feira rompeu realmente um círculo vicioso".

A fala do paciente no início da sessão chocou ('*struck me*') o analista ao perceber nela uma configuração de um complexo tipicamente feminino (*inveja de pênis*). Que o paciente se apresente como menina aos olhos do analista releva uma percepção e captação súbitas, provenientes da disposição (lugar) transferencial que não se deriva diretamente do material comunicado embora este ponto mutativo disponha da possibilidade de integrar um conhecimento teórico (*a inveja de pênis*) sempre mantido em suspenso. A interpretação dada não se refere diretamente a nenhum elemento do material nem interpreta a transferência como tal, mas *acolhe* e assume o lugar transferencial que lhe foi designado ("*escuto* uma *menina*"). [A questão é: qual é o objeto psiquicamente *real* ao qual o paciente se reporta?] É somente no decorrer (na descamação processiva) desta cena, *falada* pelo paciente – por meio do engajamento do analista na lógica dos lugares para os quais o paciente o destina – que esses papéis serão remontados às primeiras inscrições, aos autores da "cena": quando o paciente responde que, se for falar para alguém desta menina, seria chamado de louco, Winnicott surpreende-se de estar compelido a reagir e dizer que não é o paciente, mas é ele, o analista, que é o *louco* ao ouvir e enxergar diante dele uma menina, quando na realidade era um homem que deitava no seu divã. O paciente termina dizendo que agora se sentia *são num ambiente louco* e Winnicot comenta que o paciente se sentia finalmente libertado de um dilema.

Assiste-se a uma tomada de consciência por parte de cada um dos atores da "cena", no mesmo movimento da ação ao qual se vêem impulsionados. Quando Winnicott disse que "aquela loucura, que era minha, capacitou-o a se ver como uma menina, *a partir da minha posição*", tal constatação – que descreve a posição psíquica ao qual se vê compelido, no seio da transferência[46] – ilustra a relação

46. Winnicott confessa: "precisei passar por uma experiência pessoal profunda para chegar ao entendimento que sinto *ter alcançado agora*" [I needed to live through a deep personal experience in order to arrive at the understanding I feel *I now have reached*".

entre a lógica dos lugares na situação analítica e o reconhecimento de que esta remetia a uma primeira, à *realidade*, derivada, é verdade, pelo par analítico: o insano ambiente-mãe[47]. A "loucura" materna e sua assunção transferencial na situação analítica (uma vivência que não parou de intrigar Winnicott) permitiram o êxito desejável[48].

A partir desta vinheta fica evidente o quanto parcial e obsoleta pode vir a ser qualquer tentativa que almejasse encontrar uma racionalidade a partir da análise do discurso, seja ela hipotético-dedutivo (com procedimentos de validação e refutação), ou outras mais sofisticadas, como a do Le Guen (1982)[49]. A vinheta aponta para os seguintes pontos: 1) a lógica da descoberta é intimamente vinculada com o processo analítico; 2) que deve levar em conta um modo de conhecimento muito particular (que é apenas parcialmente compartilhado e "coberto" pelo entendimento intelectual, pela apreensão estética e/ou mítica) que brota no seio do lugar transferencial ao qual o analista está sendo convocado; 3) O que reforça nossa pressuposição de que as funções enquadrantes – com

47. A sua mãe viu no bebê uma menina: "este homem teve de se ajustar àquela idéia da mãe de que seu bebê seria e era menina (era o segundo filho e o primogênito era também menino)". Esta sessão foi o ponto de mutação crucial. Nas próximas, houve uma elaboração e integração desta parte dissociada, da menina, à qual o analista acabou de se dirigir. *Esta menina* não queria liberar o menino, não podendo, portanto, obter o pleno reconhecimento de seus direitos sobre seu corpo. A inveja do pênis foi uma inveja dele como homem. E o analista diz: "O único final para a análise que essa menina pode aguardar é a descoberta de que você, de fato, é uma menina". A partir disso ele começou a compreender sua convicção de que a análise nunca terminaria.

48. Como resultado secundário (ao qual demos menos importância), Winnicott nos legou também uma das contribuições mais importantes sobre o *elemento feminino puro* como base do sentido da existência (*sense of being*) na criança (vinculada à dependência na provisão materna) e que constituirá a base do sentimento do *self*.

49. O raciocínio temporal deste processo, que se baseia em uma causalidade dialética de reconstrução, de *apoio e après-coup*, é ainda descritivo já que esses não são integrados aos eixos fornecidos pelo lugar do analista e sua fala no contexto do enquadre. LeGuen, C. (1982).

seu princípio constitutivo (a castração) – do dispositivo analítico fornecem a base e o ponto de partida para esta lógica da descoberta.

Nosso modelo deve ser articulado no interior do discurso psicanalítico, embora seja e foi objeto de uma indagação epistemológica. À parte da posição paradoxal, que poderia encontrar suas bases metafísicas em Kant, não fizemos outra coisa senão traçar as condições e as linhas de força de uma suposta lógica da descoberta. Não obstante, percorremos um caminho bastante árduo para tomar consciência de que, dada a elaboração que fizemos do enquadre e da fala, o ponto sobre o qual devemos nos centrar é tentar articular um modelo, em meio à discussão de outros, sobre o processo da dupla circulação, intrapsíquica e intersubjetiva: qual é a natureza da comunicação, de um inconsciente ao outro, que deixa o analista (*a posteriori*) – como no caso que acabo de citar – intrigado ao *se ouvir falar* ou quando levado às posições transferenciais desde as quais promove e facilita a cura?[50]

Em um artigo brilhante, René Major fala de um processo que se desenrola entre "*um inconsciente do qual o sujeito se faz porta-voz ao porta-palavra cujo desejo se faz sujeito*" (um circular-se entre sujeitos clivados, analisando e analista)[51]. A associação livre do analisando e a atenção flutuante do analista são estados que o enquadre promove, possibilitando *a manifestação* da transferência pelo afrouxamento das barreiras entre o eu e o inconsciente do sujeito, que se assemelha à atividade onírica, da qual se fez tanta menção.

50. A questão não seria complexa se não fosse pela qualidade do acesso ao inconsciente na análise. Esta aponta para a *posição clivada do sujeito* de forma a tornar ingênua a tentativa de reduzir a dita comunicação inconsciente às relações intersubjetivas ou empáticas encontradas nas várias correntes psicológicas e filosóficas.

51. Descreve este processo inconsciente assim: "é a armadilha da transferência, o canto vivo em que se situa o papel intermediário *entre o saber* (do analista) *que é somente suposto e a ignorância* (do paciente) *que é somente dissimulação*. É dissimulação porque o real se encontra sempre atingido" – *Le temps logique et le lieu de l'interprétant* In: Major (1977). (grifos meus).

O sujeito elide-se no ponto de se fazer o porta-voz do objeto, tornando manifesto o efeito da transferência sobre o analista. Esta o implica a ponto de Major dizer que "*o olhar do analista sobre o inconsciente do outro o leva, ele também, à sua condição de sujeito falado pelo sexual*" (por seu próprio complexo). O analista, segundo ele, carrega, no conteúdo latente da sua conduta e fala, a função do *inter-pronto*: "isto se *inter-preta* na análise" ("*ça s'inter-prête dans l'analyse*")[52]. Interprontos no processo analítico assinalando a simbolização do real (veja como a "loucura" de Winnicott alia-se à da mãe de origem); delegam, pela transferência, sua representação (de pensamentos, atos, angústias, vazios dos quais o analista não poderia se poupar).

Major fornece-nos uma estrutura temporal de um processo lógico articulado ao espaço analítico[53]. O autor traz situações clínicas nas quais se revela, *a posteriori*, a mesma estrutura temporal, em três tempos. Antes de expô-los, citamos, para seu entendimento, a vinheta ilustrativa de Major:

> "*Uma mulher, depois de algumas sessões, pontua seus silêncios com 'eu me calo'* (je me tais) *que faz seguir, desta vez, pela reflexão de que, sem saber o que ela queria dizer, ela achava*

---

52. Como exemplo clássico desses "interprontos" – esses pensamentos de ligação, intermediários (e pré-conscientes) que fundam o trabalho da interpretação – lembramos, com o autor, o exemplo clássico no qual a borboleta de asas listradas de amarelo que persegue o *Homem dos lobos* faz reviver em Freud a lembrança do vestido que Gisela Fluss (o primeiro amor da juventude de Freud) usava quando eles se encontraram e o fantasma da defloração de sua sobrinha Pauline de quem se via (na "lembrança") arrancando as flores amarelas (Delouya, 1996). É justamente esta revivescência que lhe permite fazer a hipótese de que as listras amarelas da borboleta viriam substituir as listras análogas de um vestido usado por uma mulher que o paciente teria devorado com os olhos como uma "pêra" (tradução, em russo, de *Groucha*, nome da empregada que possuiu).

53. Uma estrutura temporal, mas que não exclui a configuração tópica de uma passagem intersistêmica e intersubjetiva. O lugar do inconsciente é, como efeito da transferência, investido ou ocupado pelo outro: "*não há olhar sobre o inconsciente do outro que não passe pela escuta d'un non-dit qui s'inter-dit en soi même* (de um não-dito que se inter-dit(g)a em si mesmo)".

> *que eu diria 'não'* (non). *Eu, por minha vez, pensava no sentimento que ela me inspirava e que a situação me proibia de dizer. Mas um* 'eu me calo' (je me tais) *não guarda, nas próprias letras que tecem esta trama, um 'eu te amo'* (je t'ai(s)me)? *Eu lhe perguntei por qual* non (*não, que em francês é homofônico ao* nom, *nome*) *seu pai lhe chamava. Ela se lembrou, então, que é pelo nome de* Maité *que ela respondia, correndo a seus braços. Este nome,* Maité, *compunha o anagrama do verbo "te amo"* (t'aime) *que ela não podia pronunciar* e que retinha seu gozo preso, *em suas relações amorosas, e expresso unicamente no sofrimento de um sintoma, o de crises convulsivas*".

Passamos, agora, aos três tempos da estrutura temporal: no primeiro, o desejo inconsciente sofre um disfarce, *uma mudança de lugar por transferência do pensamento* (dizer te amo, *je t'aime*); o segundo tempo, é marcado pela *voz refletida* (no analista) que marca a pulsão escópica (pela transferência, este pensamento age no analista, fornecendo-lhe a representação visual – "empresta a via narcísica para ser falada no discurso interior"); no terceiro momento – *aquele em que a voz se inflecte* na *pulsão acústica* – a evidência se confirma no *se ouvir dizer* (pela substituição de uma imagem acústica – "de que 'não' (*non*) seu pai chamava você?")[54]. "A interpretação ir, enfim, *enunciar-se* por si mesma, assinala que ela é falada pela pulsão sexual... É na encruzilhada de dois dialetos que o trabalho psíquico faz cada um encontrar *as palavras primordiais* que sua própria história e seus fantasmas tramaram por meio desse dialeto da infância que não teria sido ouvido até então. Os fantasmas do analista – de sangue misturado – forneceriam uma representação do representante inconsciente, a do recalcamento; viriam articular-se a uma representação que falta ao discurso do analisado".

54. Veja no livro citado também o artigo *La rébellion du sujet* para o detalhamento do modelo a partir dos exemplos clínicos. A ilustração clínica de Winnicott presta-se, também, à mesma lógica. Do processo do Major depreende-se uma estrutura lógica, facilmente reconhecível. O fato de haver aí um modelo não significa que ele se aplique como exercício. Pois, ao menos um dos tempos procede do apagamento do sujeito, do "eu". Que uma de suas frases é marcada pela intuição não reduz em nada o alcance lógico deste processo.

A escuta interpretante implica que sua participação o encontre submetido ao apelo pulsional incessante que vem do inconsciente. O trabalho de interpretação se assemelharia, então, ao processo de reflexão regressiva, ao menos para o segundo tempo do processo descrito, no qual imagens mnêmicas visuais sofrem no interpretante uma revivescência. Esse processo regressivo indica também a voz refletida que toma a pulsão escópica. Um trabalho que se duplica pelo trabalho da linguagem, "cuja função é estabelecer um laço rigoroso entre os processos de pensamento e os resíduos mnêmicos das percepções, particularmente das auditivas" (Freud, 1939), pois, ao ocupar, no aparelho da linguagem, a extremidade sensorial da representação de palavra, a imagem acústica se situara no ponto de partida e de chegada do pensamento regressivo, no ponto de ancoragem no real da atividade fantasmática ou do *discurso do outro*. É também o ponto de encontro da linguagem do corpo, como exterior à sua própria linguagem interior.

O modelo de Major, com suas três fases – delegação de representação pela transferência, interpronto e intervenção – que estariam figuradas por três planos sucessivos, parece-nos extremamente estimulante por implicar, na base desta comunicação inconsciente, a matriz edípica do desejo que estrutura a situação analítica. Major elabora todo o movimento – do objeto tornado sujeito, do ativo tornado passivo, do exterior no interior – e no sentido contrário *como se fosse analisar os aspectos tópicos, dinâmicos e econômicos de um só aparelho psíquico do sujeito* (segundo Freud). Para nós, seria interessante prosseguir na análise deste modelo. Mostrar e descrever, por meio de situações clínicas, a relação entre a estagnação deste movimento ou sua impossiblitação e o fracasso em se manter guardião do enquadre. A análise desta freqüente eventualidade, em função do interjogo entre o trabalho psíquico do analista e sua função na situação analítica, seria o caminho que pode nos permitir refinar um modelo sobre os modos de conhecimento na clínica psicanalítica.

6.

O conhecimento e o trabalho analítico

A intuição – que muitos psicanalistas e pacientes compartilham – de que a clínica psicanalítica dispõe de modos de conhecer e descobrir que lhe são próprios nos incitou a indagar sobre a lógica que os rege. Neste momento de conclusão do livro, sua realização encontra-se a meio caminho, porém com uma certa coleta. Esta foi obtida pelo exame do dispositivo analítico (enquadre & linguagem), enfocando, particularmente, uma relação que lhe é interior: o efeito do enquadre na produção da fala dentro da situação analítica. A descoberta de que esses comportam uma qualidade interior e transicional[55], isto é, que adquirem sua inteligibilidade apenas dentro da teoria e experiência analítica, dotou nosso percurso de traços muito particulares: nos obrigou a abdicar da pretensão epistemológica inicial chegando para a surpreendente conclusão de que a psicanálise é fadada a prescindir da "cobertura" epistemológica. Por outro lado, esses resultados (acerca do dispositivo analítico) nos permitem formular e afinar as questões em torno do processo analítico quando este passou a ser analisado desde o material clínico e das vinhetas clínicas. O estágio ao qual pudemos chegar nos permitiu desvelar a complexidade da lógica da descoberta do processo analítico. Estamos em fase de

55. Para a concepção acerca dos fenômenos que possibilitam o acesso do sujeito à área da cultura, veja sua descoberta e sua articulação dos fenômenos e objetos transicionais. In: Winnicott, D.W (1971, 1972, 1989).

elaboração de um modelo que foi iniciado por uma discussão que confrontou o material clínico com as propostas oferecidas na literatura psicanalítica. Este capítulo prossegue com esta discussão, articulando, entre outros, os aspectos relativos aos escolhos e interpelações em direção ao conhecimento.

No último capítulo, expusemos e discutimos um modelo, o de Major, por ir ao encontro de uma articulação da lógica da descoberta dentro do processo instaurado e disparado pela situação analítica. Este modelo ressalta a vertente intersubjetiva, embora seu objetivo inicial fosse mais restrito, o de traçar uma lógica implícita no "como a interpretação vem ao analista?", confrontando-o com ilustrações e vinhetas clínicas apresentadas tanto pelo autor como por nós. Esclareceremos, mais adiante, a razão de escolhermos este modelo como base para a interlocução sobre o tema.

Major traz situações clínicas que revelam, *a posteriori*, a mesma estrutura, em três tempos. A escanção que ele propõe, temporal e lógica, pressupõe, e sobrepõe-se à lógica dos lugares e às funções enquadrante e analisante inerentes ao enquadre. Contudo, a vertente intersubjetiva, delineada nesta lógica temporal, é solidária à constituição e à construção do aparelho psíquico do indivíduo segundo o modelo de Freud.

O aparelho psíquico de Freud é um espaço – o qual reitera a situação analítica – de transferências entre representações. Esta é a primeira noção de transferência que ele nos propõe no capítulo VII de *A interpretação dos sonhos*. As representações são convocadas ao palco psíquico, iniciando uma mobilização associativa, transferências, entre elas, pelas apresentações no real, análogas aos restos diurnos para o sonho, ou na bela e mais precisa expressão de Ferenczi, pelos *restos de vida*. O recalcado, diz Freud, investe esses restos, aproximando-os, assim, à área pré-consciente, à fala. Assim, na análise, o corpo do analista é "injetado de vida" ou anima traços mnêmicos do paciente que passam a imantar o cenário analítico da carne e do sangue de suas cenas infantis, nas quais suas relações com insignes personagens do passado passam a reger as moções de endereçamento ao analista. Se as representações inconscientes transferem-se para a fala do paciente – selada, entretanto, pelo recalque, como um pacote fechado que, não obstante, denuncia partes de seu teor por causa das regiões rasgadas ou deformadas de sua embalagem – esta mesma fala, recebida no sítio côncavo da escuta flutuante do analista, suscita, na área pré-consciente, representações, ou seja, imagens cênicas. Essas agem, por sua vez, como restos diurnos e convocam – animam-na própria cena inconsciente do *analista*, seus próprios traços mnêmicos. Animação tributária de representações, metabolizadas a serviço da fala, da interpretação[56]. Tal metabolização, de acesso à fala, à consciência – Freud a tem preconcebido já no estudo sobre as afasias, 1891[57] – mediatiza-se no eixo criado entre imagens sonoras da palavra e representações visuais oriundas das cenas infantis, registradas em traços mnêmicos[58].

Bastam esses aspectos, sem levar em conta outros (o narcisismo, etc.), para aludir ao fato que a dimensão intersubjetiva é análoga, redobra ou é, ela mesma, um desdobramento da rede de comunicação intrapsíquica – formando "dois em um" – como se depreende do modelo de Major[59]. Nos dois – de Major, e aquele passível de se

---

56. Em seu último e inacabado livro, *Compêndio de psicanálise* (1938), Freud constata que "o trabalho da linguagem tem por função estabelecer os elos necessários entre os processos internos do eu e os resíduos mnêmicos das percepções visuais e, mais particularmente, das auditivas.

57. Veja também *O inconsciente*, 1915, no qual a dimensão tópo-genética do aparelho psíquico é estruturada em torno deste eixo. Strachey, editor da *Standard*, acoplou nesse último o capítulo correspondente do primeiro.

58. No livro *O eu e o isso* (1923), Freud assinala, em consonância com sua monografia de 1891, que as representações de palavra são elas mesmas traços mnêmicos. O que vem ao encontro das abundantes notas esboçadas na correspondência com Fliess acerca das fantasias e representações inconscientes em que explana o seguinte: aquilo que é *ouvido* provém da cena primária, constituindo a fonte (enigmática) da fantasia, porém é o *visto*, o regime visual, que constitui o enquadre de seu cenário (a cena do sonho). As duas são mediadas pelo *vivido* corporal do sexual, da sedução e sexualidade. (Cf. Carta março/1897)

59. O próximo capítulo desenvolve este modelo, acompanhado de fragmentos clínicos.

derivar de Freud –, a lógica e o processo da descoberta e de conhecimento são vinculados às coordenadas que regem o psiquismo e seus modos de processamento.

Podemo-nos perguntar se um arrazoado acerca da lógica da descoberta não poderia ter sido derivado de outras concepções do psiquismo existente no campo psicanalítico. Sabemos, de fato, que as escolas inglesas, de Klein e Bion, contêm, no centro de suas teorias, mecanismos muito elaborados em relação à comunicação inconsciente (identificação projetiva, contratransferência, rêverie, etc.). Porém, a desconsideração, quase que completa, da linguagem e da sua função em suas teorias (com a exceção de Bion) impossibilita uma interrogação acerca dos modos de conhecimento que esteja articulada aos meios que os produz (o dispositivo e sua aparelhagem). O mesmo cabe à grande obra de Winnicott com quem temos muitas afinidades. Suas contribuições em torno do ambiente e da provisão materna, os fenômenos transicionais, etc. são imprescindíveis para o tema que nos ocupa. Porém, a ausência de qualquer referência à linguagem nos coloca em grandes dificuldades. Entretanto, parece-nos que o proveito que poderíamos obter dessas teorias e matrizes clínicas está incluso, de alguma forma, no esquema freudiano, refletido de certa maneira no modelo de Major. O modelo freudiano não só deu origem a eles como abarca, em germe, grandes partes de suas contribuições. E mais, caso o referido processo fracasse, a detecção desta falha e sua natureza serão iluminadas em parte pelo desenvolvimento que esses autores deram ao veio do narcisismo e da destrutividade que Freud iniciou e elaborou nos últimos 25 anos de sua vida.

Interpelações no caminho da descoberta, novos atalhos

Indicaremos, agora, os escolhos e atropelamentos no processo que subtende a descoberta na clínica psicanalítica. Sabemos que este é freqüente, porém, o maior problema reside na detecção de tal eventualidade. Enquanto guardião do enquadre, o analista possibilita a manifestação da transferência pela sua capacidade e disponibilidade interna em proporcionar um ambiente acolhedor (função enquadrante do enquadre) desde uma certa distância (função analisante do enquadre). A manifestação da transferência é precondicionada pelo afrouxamento das barreiras do eu (a elisão do sujeito), para se tornar porta-voz do objeto (acesso das palavras às representações-coisas do inconsciente). Esta é a base, a essência das condições circunscritas para favorecer o desejado fenômeno de regressão no (e pelo) *setting* analítico. A pergunta que se coloca, então, é o que impede o acesso às inscrições primárias sobre as quais o complexo inconsciente do paciente se tece? Como diz Major, a transferência em geral tortura nas entranhas o analista, paralisando-o até em seu funcionamento psíquico. É desta ação, no plano das representações-coisas, que o analista tentaria, em muitos casos, se desfazer, em vez de dar palavras (desvelar o desejo) à mensagem que este efeito-coisa comporta. Algo o impede de se colocar a certa distância em relação ao lugar para o qual é chamado na transferência; algo que afeta o segundo tempo da escanção lógica.

As representações de palavras do paciente sempre trazem o traço ou o vestígio de uma cena visual – de uma ação e de uma sensação física que transfere imagens de atos e sensações. No segundo tempo, esses se inserem se na fieira do narcisismo do analista, um processo de reflexão regressiva no qual as imagens sofrem no interpretante uma revivescência[60], adquirindo as modalidades de seu próprio corpo, paixões e lembranças. Na interpretação, a atribuição de predicados aos elementos simbólicos será dada segundo as prevalências mantidas no imaginário do analista. Em outras palavras, o processo pelo qual surge a voz refletida da pulsão escópica é o momento auto-erótico em

60. Semelhante ao processo de pensamento no sujeito no qual um traço mnêmico está sendo investido desde outra localidade (a partir do pré-consciente) ao contrário da alucinação (*O inconsciente*, 1915).

que emerge o fantasma no analista, o tecido do qual se derivará a representação que falta ao analisado. Entretanto, se o referido investimento for pressentido como um desprazer (no analista), ele inibirá a emergência das representações, acarretando o perigo do analista voltar-se ao analisando como objeto real de satisfação. Ou, o que é mais comum, desvinculando, no analista, o processo primário do secundário, prevalecendo os processos de pensamento nos conformes da razão racional. Situação na qual o analista acaba em *ver-se fazendo* em vez de *ouvir-se dizer* (terceiro tempo). Ele precipita-se (*acting-hâte*) na ação a qual a transferência o impele; ou vê-se inibido ou capturado no lugar para o qual esta o destina.

> Uma paciente que me torturava de várias maneiras chega a fazê-lo agora de modo a paralisar, assim me parece, o prosseguimento do trabalho que venho fazendo com ela há três anos. Ela se "encrenca" comigo; apega-se às palavras que pronunciei em contextos e momentos diferentes; me "cobrando". Ela se volta totalmente para mim de modo a apagar qualquer distância que possa possibilitar-lhe, e a mim também, prosseguir com os próprios pensamentos, sonhos – o material – que vem trazendo: ela abole, por assim dizer, a distância que o enquadre possibilita sem me "dar tempo" – daí a paralisia – de achar um caminho para poder restaurá-lo. No entanto, a singularidade deste momento configura-se em torno de sonhos nos quais ocupo um lugar central, porém com uma característica particular: são cenas nos quais me encontro numa intimidade com "a loira, mulher de sua vida" (segundo a paciente que vem vigiando minha vida particular), mas que logo abandono ou rechaço em troca da paciente que, ao aparecer na cena sonho, passamos, eu e ela, a se envolver em cenas amorosas e sexualmente ardentes. Impressiona a versatilidade com que cria, em seus sonhos, essas variações de cenas em torno do mesmo tema. Acontece que ela se comportava na sessão como se o conteúdo manifesto do sonho fosse verdade; como se eu enunciasse na vida real aquilo que eu fazia na cena do sonho que ela criava:

ela se perguntava, ou perguntava a mim, de algum modo, sobre este interesse por ela (estaria eu pronto a abandonar a "loira" para ficar com ela?). Eu apontava este comportamento para ela, mas sem que ela compreendesse porque tal fato fosse estranho (o sonho, afinal, era dela!). Ela associava minha mulher com outra "loira" – a paciente do próximo horário em relação a qual sentia ciúme porque eu "demorava" na companhia desta. Aos poucos, os sonhos traziam cenas com a mesma índole, mas sem o preâmbulo da terceira pessoa (a "loira"). Em vista do que eu sentia nesta conjuntura, e também em função do tempo de análise percorrido, não me parecia que se tratava ainda de uma configuração plenamente edípica, embora não faltassem traços histéricos no material apresentado. A imagem que fazia do meu entorno privado e de suas personagens levava-me a assegurar-lhe, em momentos de fragilidade narcísica, seu lugar; de que o fato que eu tinha essas relações (fora) não significava a exclusão de poder estabelecer com ela também uma relação singular, e que, na sessão, minha atenção foi totalmente voltada para ela. Dizia isso como para tranqüilizá-la de modo a "querer corrigir" a sua lógica de que para mim "ou é ela ou é a loira". Mas a supervisão me possibilitou perceber a maneira como a paciente "me pegava", me excitava, apesar de, ou talvez por causa disso mesmo, me tornar queixoso (dela). Compreendi que ela se utilizou, inconscientemente, de minha intervenção (que me voltava, na sessão, inteiramente para ela e, em outros momentos, para "a outra") para reforçar esta mesma malfadada lógica que regia as cenas dos seus sonhos, alimentando sua excitação sexual e conexas expectativas; como se eu fosse um garoto de programa que oferecia meu corpo ora para uma ora para outra. Este fato correspondia a uma certa excitação da minha parte (a transferência me fisgava como o supervisor bem percebia): como diz Major, o fato de me torturar não significa que isso não goza. Mas o essencial era isto: a paciente fez-me embarcar numa excitação que provinha de um incremento sexual nela que visava encobrir ou obturar uma problemática mais fundamental com a qual

> tinha grande dificuldade de vir em contato. Ela não conseguia se dar conta da sua incapacidade de ficar só (pensar e ser criativa em seu trabalho psíquico) na presença de um outro (o cerne constitutivo da situação analítica)[61]. A partir desse momento (no qual tomei consciência de "meu estado corporal"), o trabalho tomou um rumo diferente, embora fosse penoso para a paciente, quando as cenas de sonhos que trazia em seguida abrigavam, em parte, o reconhecimento de alguns indícios de minha autonomia e privacidade. O que esboçou nela a possibilidade de que eu possa ficar com meus pensamentos e minhas ligações na sua presença, à semelhança de uma mãe que fica imersa em suas ocupações, enquanto a criança – segura de sua presença – consegue desapegar-se dela para prosseguir em seu brincar, criando por meio dele as ferramentas para seu desejo e ser.

O trabalho psíquico interno do analista fornece, então, os meios para curar a disrupção tópica, reinstaurando a distância interna que nele se apagou. Como acabamos de ver, a função essencial da supervisão é a de permitir perceber os enganchamentos transferenciais, abrindo assim a possibilidade de um trabalho interno para retirar o bloqueio e facilitar o processo de pensamento (restaurando a distância) no analista. Elaboração essa, pessoal e interna, permite, também, superar atravessamentos e entraves gerados nos apegos às instituições e aos esquemas teóricos da psicanálise (que se "oferecem", a cada hora, a serviço de um fechamento interpretativo) e por outros "ganhos" secundários que erguem, freqüentemente, as muralhas narcísicas no analista, nele enrijecendo as posições defensivas.

Em nossa clínica (como acabamos de mostrar), como também na história da psicanálise, não faltam exemplos desta precipitação para dentro do conflito do paciente em vez de assinalar ou facilitar, por meio dele, o acesso ao seu desejo. A supervisão facilita a detecção

61. Cf. (1958)"The capacity to be alone" In Winnicott, 1965.

desses momentos e distinguir em que medida tal dificuldade se deriva do analista ou é inerente, também, ao sintoma de certos pacientes. Alguns pacientes encontram dificuldades em se fazer escutar ou têm a sensação dolorosa de fazer tudo para não serem escutados. A despeito da facilitação proporcionada pelo enquadre e pelo analista, um certo traumatismo no seio do recalcado não permite, em alguns casos, a regressão – a elisão do sujeito[62]. O efeito da transferência, manifestado nesses casos, é o da criação de um lugar vazio, deslocado para dentro do analista. Porém, a experiência de vários analistas (Ferenczi, Balint, Bion, Winnicott e muitos outros) mostrou a possibilidade de se criar uma grande margem para o alargamento da capacidade de continência, de acolhimento e de tolerância, facilitando o processo, também, em quadros patológicos muito comprometidos. Fica, então, a dificuldade em decidir qual lado pesa mais – limitação inerente à patologia ou a que provém dos limites do analista – quando da realização ou extensão da função enquadrante.

Encontramos, aqui, um dos princípios mais instigantes do método analítico, análogo, aliás, aquele que rege o científico: sua condição de abrir novas portas – *precisamente pelos impasses que atropelam sua empreitada* –, de um lado, para áreas inusitadas, efetuando saltos na teoria, remanejando-a extensivamente e, de outro, para aquelas que obrigam o empreendedor do método a tomar consciência dos limites de seus derivados aparatos técnicos, sofisticando-as. É o que ocorreu na ciência na passagem da mecânica newtoniana para a quântica. Na psicanálise, os impasses citados levaram, justamente, à ampliação da dimensão do narcisismo que impeliu Freud a trazer *a pulsão* no

62. Foi a partir deste traumatismo que Freud inseriu em sua obra a novidade da pulsão de morte e seu caráter de compulsão à repetição (*Além do princípio do prazer*, 1919). O fato desta característica se manifestar no seio do eu, o levou, mais tarde, a introduzir a segunda tópica, as instâncias – o isso, o eu e o supereu – sendo que grandes partes dos últimos dois são inconscientes e cujo caráter compulsivo conserva o caráter pulsional da sua sede de origem, o isso.

centro da cena de seu pensamento; pulsão de morte, certamente, mas, sobretudo, os seus desdobramentos – como a compulsão à repetição e a combinatória variada da intricação pulsional, do masoquismo primário – no traumatismo do real e nos engodos das manifestações patológicas na cultura. A clínica de seus herdeiros que deu origem à nova linhagem – de Ferenczi e Abraham a Klein, Fairbairn, Balint, Bion, Searles e Winnicott entre muitos outros – em torno dessa preocupação, introduziu uma constante e progressiva modificação na técnica e seus meios de enfrentamento com a solicitação dos casos difíceis. E, em paralelo, em função das feições singulares do campo transferencial implícito às referidas solicitações, interrogou-se e, conseqüentemente, ampliou-se todo o tema relativo ao objeto e ao ambiente de origem, isto é, às questões relativas ao trabalho *do e no* objeto para a construção psíquica do sujeito.

Ver-se-ia, então, que é a patologia, colocada sob o comando do método e de suas aparelhagens e enquadres que possibilita o conhecimento e sua evolução, assim como a sofisticação dos meios para obtê-lo[63].

Consideração final sobre a relação ciência e psicanálise

A *análise* refere-se, na ciência, à operação oculta do enquadre sobre o substrato, o objeto em exame. O enquadre e sua aparelhagem exercem, à semelhança de uma força de cunho negativo – porque age, aos olhos do observador/experimentador, sobre uma massa (positiva), inicialmente, opaca –, uma *análise* que se revela como tal por colocar em evidência as relações funcionais e os processos

63. Este elo será enfatizado no próximo capítulo que não foi gerado na realização da pesquisa original, mas proferido em congresso em 2001, cinco anos após a conclusão do projeto.

desencadeantes. Esses achados, confrontados, à maneira crítica, com a hipótese inicial, permitem remanejar a teoria, dando vez a novas hipóteses e novos experimentos e observações. Este quadro nos possibilitou estabelecer uma analogia estreita com o método psicanalítico que se depreende da relação entre seu "laboratório" (dirigido pelo analista), e seu corpo teórico, a metapsicologia. Não obstante, o exame, de um lado, do enquadre e aparelhagem psicanalíticos, e, de outro, das relações e dos processos desencadeados – colocados, em função do enquadre e seus "acessórios", em evidência –, revelou particularidades do processo analítico. A este respeito, enfatizamos a feição sensível, imediata e estrangeira, sua dupla e entrelaçada circulação nas dimensões intrapsíquicas e intersubjetiva e o fato que as coordenadas do enquadre e sua aparelhagem são banhadas nos princípios que regem a constituição e construção do aparelho psíquico.

Esses últimos apontam uma divergência com a ciência; colocam em dois e diferentes planos os respectivos campos. Contudo, não nos parece que as analogias parem por aqui. Os achados da mecânica quântica em relação aos dispositivos de medição na física, assim como o exame das condições *in vitro* na biologia, demonstram que o enquadre científico e sua aparelhagem não só "contaminam" as inferências a partir dos experimentos, mas que tal contaminação é passível de interpretação (explicação) pelos próprios e respectivos princípios da teoria científica. Eis um paralelo com os eixos constitutivos e construtivos da vida psíquica (castração e função ambiente, respectivamente) regendo o enquadre e sua aparelhagem psicanalíticos.

Por outro lado, o que não pode se submeter a uma analogia é a circulação intersubjetiva, isto é, a inclusão do "observador" psicanalista no campo da transferência e o recalcado, oriundo do acervo pessoal mnêmico do objeto (paciente), convocando o do observador (analista) – o que nos impede de conferir às ditas relações sob sondagem e escrutínio, a feição cega que encontramos no objeto de pesquisa do cientista.

Não obstante, valeria, aqui, se deter em um certo aspecto: vimos há pouco aquilo que Major denomina o acordar, no analista, da pulsão escópica. Essa nos remete, porém, no plano mais amplo, para todo o empenho da *imaginação* no analista, como via de acesso ao recalcado do paciente. A função da imaginação na ciência não é menos potente ou menos abrangente do que no trabalho analítico. A este respeito, citamos, nos capítulos anteriores, o testemunho de Einstein. A incitação à imaginação nas vias de tráfego entre o corpo teórico da metapsicologia e o do vivido na transferência é perfeitamente análoga àquela que se desenrola entre as derivadas hipóteses da teoria em voga em certo campo da ciência e as observações e os experimentos guiados por elas.

O que é diferente é, certamente, aquilo que diz respeito à *res privata*, ao regime psíquico e seu enraizamento no acervo pessoal, infantil, registrado nos traços mnêmicos. Surge, porém, a questão: de onde provêm os recursos, os mantimentos que alimentam a imaginação e o imaginar do cientista? Em outras palavras, de onde vêm as teorias científicas? Certamente, não das observações. As observações articulam-se e dependem da teoria e agem, no desenvolvimento da teoria, ao modo crítico, sobre a última.

Freud aventou, em relação às teorias sexuais infantis e ao universo da fantasia em geral, as fantasias de origem, as protofantasias, das quais se originam todas as fantasias. São herdadas, afirma ele, porque se derivam da história da evolução da espécie humana, sobre a qual Freud construiu alguns mitos, da horda e da era glacial, entre outros mais específicos. A própria metapsicologia é oriunda e derivada desses mitos. Não teriam as teorias científicas, objeto de ação do método, uma origem semelhante?

Vimos que as sementes conteudísticas das teorias científicas atuais derivam-se de outras de longas datas (cf. notas de rodapé nos capítulos anteriores). Vários filósofos e historiadores da ciência desmascararam seu núcleo mítico e narrativo (Feyerabend, 1975). Caberia aos psicanalistas, ainda não conhecidos por nós, examinar essas fontes de origem para verificar se abrigam dentro delas, à semelhança do que foi feito em relação aos contos de fadas, algo pertencente ao universo psíquico, algo associado às protofantasias e seus possíveis moldes de origem do humano. Arriscamo-nos em prever um resultado positivo nesta direção.

Concluindo, diremos que o sistema de referência que escolhemos, o método científico, foi extremamente profícuo para nossos propósitos.

7.

O aparelho psíquico no método da apreensão clínica[64]

A escrita deste pequeno ensaio foi movida pela interrogação acerca das condições de emergência no analista de desenhos psicopatológicos, que configuram a problemática ou, segundo certa visão freudiana, o desejo do paciente[65]. Referimo-nos às hipóteses ocasionais que surgem no analista, na maior parte das vezes em formas pouco articuladas – pré-formuladas ou pré-conscientes – e que entendemos, *a posteriori*, terem determinado a compreensão do "material" pelo analista e sua intervenção na sessão. O clarão, obtido de tempos em tempos, sobre essas micro, nano ou psico-hipóteses, coincide com sua reformulação, já que elas são constantemente ampliadas, remanejadas, modificadas, até adquirir, no decorrer da terapia ou análise, certo corpo e complexidade (embora estes não signifiquem a impossibilidade da sua contínua e progressiva mutação).

---

64. Uma comunicação na seção de *Temas livres* do XVIII Congresso Brasileiro de Psicanálise, São Paulo, setembro/2001. Uma versão ampliada desta foi publicada sob o título "O método em questão: aspectos da apreensão clínica" na revista *Psicanálise e Universidade* n°16: 39-50.

65. Como explicito na seqüência do texto, o emprego da palavra *psicopatologia* não é comum aqui, mas se aproxima ao de Fédida, como figurações hipotéticas no analista, veiculadas pela transferência e oriundas do desejo inconsciente que impregna as transformações e o remanejamento do conjunto sintomático, no decorrer do trabalho analítico.

Trata-se, de uma indagação clássica na psicanálise, e que talvez seja mais abrangente do que outras que tiveram uma de suas manifestações há trinta anos em torno da questão: "Como a interpretação vem ao analista?"[66]. Entretanto, nossa interrogação não se limita apenas ao domínio dos enunciados do analista na sessão: o desenvolvimento que se segue pode tornar mais explícita uma demarcação que tende a se perder nas discussões atuais. Pois, ao levar às últimas conseqüências a singularidade do conhecimento e do método analítico, torna inócuas as tentativas de ajustar as descobertas da psicanálise às de outros campos, comparando os respectivos conteúdos como se fossem colocados no mesmo plano. A interlocução da psicanálise com outros campos do saber, como a neurofisiologia dos estados oníricos, pode ser fecunda, o que é diferente de tentar medir uma pela outra.

Este questionamento acerca das origens da configuração de desenhos psicopatológicos no analista em relação ao paciente tangencia, portanto, correntes e assuntos pertinentes à discussão quanto ao futuro da psicanálise, tema do último congresso da Sociedade Brasileira de Psicanálise (2001).

O método: entre ciência e psicanálise

A epistemologia interroga-se sobre os modos e procedimentos pelos quais se adquire conhecimento em certa área do saber. Seu questionamento centra-se, no método e na forma com que este rege a relação entre a produção teórica e os meios, específicos e concretos, implementados para esse fim. O que distingue esses meios na apreensão psicopatológica que caracteriza a atividade analítica? Se fosse possível escolher um método, optar-se-ia – aliás, com Freud

66. Veja, a esse respeito, a coletânea com esse nome – originada no âmbito dos famosos encontros franceses *Confrontações* – editada por Réne Major e publicada em 1996 em São Paulo pela Editora Escuta.

– pelo científico, isto é, na forma que este vem adquirindo desde o fim do século XVII, nas ciências ditas naturais ou da natureza. Cabe observar, por um instante, esse voto pessoal, uma vez que, no público culto, a noção de ciência tem sido obscurecida pela escola pós-crítica da filosofia da ciência, especialmente sob a banal reconstrução sócio-psico-histórica encontrada na obra de Thomas S. Kuhn (1962), e por ela liderada.

Para simplificar a visão de ciência do presente autor, percebe-se que a ciência moderna aboliu os temas da ontologia clássica que foram, desde sempre, voltados para questões acerca das coisas – o *que existe?* – e suas razões de ser – *por que algo existe* e/ou *por que desta forma?* Questionamentos que foram, aos poucos, deixando o terreno emergente da ciência, para fixar sua morada na filosofia, seu berço de origem. A ciência encarrega-se de criar teorias que apenas descrevem *como e de que forma* algo ocorre. Tal demarcação entre ciência e filosofia significa que a primeira, ao se orientar para a descrição das relações funcionais em certo campo, eliminou todo e qualquer tipo de racionalidade no interior dos conceitos e dos sistemas de pensamento que os abrigam – racionalidade e razão próprias ao domínio da filosofia. A ciência não é, pois, um discurso e tampouco existem nela conceitos no sentido forte, sistemático, da palavra. A ciência utiliza-se de e instrumentaliza-se com termos, cuja escolha, e sobretudo conteúdos, são aleatórios e temporários. Na ciência, a racionalidade não está na teoria ou no conteúdo de supostos conceitos, mas, ao contrário, no método que a rege. A lógica do método estrutura a produção do conhecimento. Lógica que se cria no intervalo entre as hipóteses – deduzidas de uma teoria vigente –, e a observação e experimentação, geradas em um enquadre, cujo princípio ordena o método. Princípio de caráter *negativo*, no sentido darwiniano do termo: forma ou critério de decisão inequívoca para descartar ou *eliminar* certa hipótese, possibilitando a emergência de outras[67].

67. Concepção próxima da escola crítica, marcada pela contribuição de Karl Popper (1959, 1977).

Para resumir, dir-se-á que, para o entendedor de certa área da ciência, os frutos específicos da operação do método se impõem (é este o critério da objetividade ou da publicidade científica), à semelhança do jogo de xadrez, em que as regras determinam a decisão inequívoca do jogo, mesmo que alguns jogos jamais sejam ou possam ser concluídos. São, entretanto, infinitas as possibilidades de criação, passos ou estratégias para definir o jogo – das quais algumas foram, ao longo da história, documentadas. Registro que é análogo ao da história ou filogenia das teorias científicas e suas técnicas. Outro ponto: a criatividade e a inventividade do cientista ficam, aliás, como as do jogador de xadrez, fora das regras que constituem o jogo. O pensar e a criatividade têm de ser moldados – efetiva e concretamente – dentro das possibilidades circunscritas pelo método que constitui o jogo, para serem, em seguida, submetidos ao teste, à seleção. O método é imanente à estrutura do campo científico; é independente das fontes que o fomentam, ou seja, das reservas míticas que semeiam as teorias, e outras que provêm da criatividade no pensar do cientista, além de determinações sociais e culturais sobre as quais se detiveram os adeptos do relativismo histórico oriundo da corrente kuhniana.

A questão que se coloca é se é possível, ou não, adotar o modelo científico – extremamente produtivo – nesse campo. A resposta é um *não*, e categórico. Por quê? Pela simples razão que a implicação do terapeuta ou analista, sua criação, ou seja, seu âmbito subjetivo articulado ao enquadre, constitui o cerne desse método, além de este universo ser – por meio de imagens e figuras *transferidas* pelo e no *pathos* – a fonte dos *parâmetros críticos* do campo, ou seja, dos que *guiam e orientam* tanto no avanço da análise e da cura quanto na ampliação e remanejamento dessa área de saber.

O campo da transferência é constitutivo desse método, que se articula na tensão justa, *transitória*, entre a dimensão subjetiva e aquilo que o enquadre determina. Tensão própria à transitoriedade, submetendo o "material" psíquico àquilo que Freud denominou de *análise* – eis uma analogia com a epistemologia científica.

Prosseguindo e colocando em foco a investigação na biologia, a comparação mostra-se extremamente útil, sobretudo para identificar as relações formais entre *enquadre* e *processo* da análise, no engendrar tanto da cura quanto do conhecimento teórico[68]. Mas essas são questões específicas da epistemologia, portanto, se o método da psicanálise reina em um domínio que se situa fora das fronteiras do científico, este fato não exclui a mútua fertilização, passível de se criar nas analogias estruturais frutíferas que descobrimos existir entre os dois. A psicanálise teria muito a ganhar se, seguindo as recomendações de Freud, pudesse acompanhar a ciência, restringindo – sem, no entanto, abolir – a consistência imanente ao discurso, oriundo da filosofia, assim como a montagem em torno e ao longo dos eixos traçados pelos conceitos. A filosofia é bela, mas o campo é outro: é o da experiência que demanda, em sua estrutura, a abertura ao remanejamento constante proporcionado pela experiência, não se limitando, ou melhor, não sucumbindo ao *totalitarismo* dos conceitos.

Essas notas que demarcam de um lado e traçam de outro os elementos paralelos existentes entre os diferentes métodos da ciência, e o da psicanálise, visam incentivar o diálogo com a primeira. Passa-se a discutir a epistemologia relativa ao campo.

Como conhecer e alcançar os referidos desenhos psicopatológicos? A semântica propõe uma resposta imediata: *pathos* significa *paixão, sofrimento (doença) e passividade*, unindo-se, portanto, em uma *epistemologia*, ou seja, em uma forma empática de conhecer o próximo *em sofrimento*. Formular as coisas dessa forma nada acrescenta à questão, a menos que se esclareça e especifique tal modalidade, dita empática, e a maneira com que seus frutos de apreensão

68. A analogia entre os meios artificiais do enquadre na psicanálise e as condições (*in vitro*) de observação e experimentação na biologia é extremamente fecunda. Em ambos os casos, a pressão ou distensão exercidas pelo enquadre não só permite trazer à luz os elementos e processos em voga – por isso análise –, mas constitui também, em forma depurada, uma força imanente à "matéria" (teorizada como Édipo e/ou ambiente materno).

interagem, modificam e remanejam a teoria em voga, acerca do estado patológico específico e do conjunto e contexto teóricos sobre a doença.

> *Uma paciente em profundo sofrimento, cuja negação ela atribui ao terapeuta, não encontra outra maneira de expressá-lo nas sessões a não ser por meio de uma agressividade, que ela obviamente desconhece e renega, recusando qualquer colaboração manifesta na análise. Certo dia, menciona que na padaria da esquina da rua onde mora, uma estranha – uma mulher bondosa, velha e humilde – demonstrou uma preocupação com ela ao notar em seu rosto a peculiar expressão nele plasmada, comentando: "menina, você não está bem; precisa de cuidados", pedindo ao atendente do local que providenciasse um suco a fim de, quem sabe, devolver-lhe as cores vitais.*

Remetê-la, defensivamente, ao seu desejo frustrado de encontrar no analista a bondosa mãe, atenta ao seu sofrimento, ou admitir que ele falhou em tal função, nada faria senão acender uma fúria que acaba atingindo, geralmente, o limite do suportável, seja na paciente, seja no analista. Entretanto, a abertura silenciosa sobre a cena tocante, à qual transportava o analista, permitiu a ligação a outros fragmentos que a antecederam na sessão, nas quais evocava, inicialmente, o julgamento de sua pequena filha de que o péssimo humor da mãe deixaria esta sem amigos; e na seqüência, a lembrança de uma saudosa empregada, que soube cuidar da paciente durante anos, testemunhando, sem jamais intervir, suas "viagens" em meio às drogas e ao alcoolismo, que abafavam e amenizavam seus estados de prostração depressiva. Cenário autodestrutivo da patroa que, ao ultrapassar o limiar de tolerância da empregada, motivou, certo dia, sob um pretexto externo, o abandono da casa e da paciente.

O desenho psicopatológico dessa paciente delineia rachaduras em um eu, tornando-a vítima constante de um choque dramático criado entre a extrema sensibilidade à invasão e a desesperada necessidade de atenção e cuidado. Correntes que desembocam, habitualmente, em uma conduta de difícil manejo, pois paradoxal, gerada na perene ameaça de uma vivência de suplício com o objeto – experiência que ofusca a visada do desejo próprio.

No entanto, esse quadro fronteiriço não poderia ser identificado, e menos ainda utilizado para o enriquecimento dos relativos aspectos teóricos, sem a abertura, no analista, sobre a série de cenas em cadeia, já exemplificada, à qual ele foi remetido na vivência com a paciente, sua conduta e fala. Essa série abriga seus protótipos infantis, que lhe servem de molde e contexto.

Configuração psicopatológica e metapsicologia

As qualidades do infantil e a visada da eventual abertura sobre suas cenas são os elementos mais importantes da escuta. Entrever tais cenas está implícito no processo de cura, no vivo diálogo com a metapsicologia, no remanejamento e reformulação das teses delas derivadas. Dialética essa – entre experiência e teoria – que não difere, do ponto de vista formal, do procedimento que se identifica ocorrer na descoberta científica. No entanto, na psicanálise, tais operações não se realizam sobre um material anódino de observação e/ou comunicação, *mas sobre as formas peculiares colhidas no interior da transferência*, da referida abertura. Para analisar sua natureza, seria preciso discorrer sobre a dialética que Freud estabeleceu entre *observação* e *vivência* que correspondem aos respectivos regimes de *percepção* e *narcisismo*[69]. Esses precisariam ser integrados em um processo que vem adquirindo, recentemente, certa popularidade

69. O modelo mais elucidativo encontra-se no fim do terceiro ensaio sobre a sexualidade, de 1905, no qual Freud distingue entre a percepção do seio desde uma imersão fusional com ele mesmo, e outra, propriamente psíquica, *a posteriori*, que reconhece a separação dele, ou seja, que o seio pertence ao corpo da mãe, do qual o sujeito se apercebe separado. O "*a posteriori*" significa que os vestígios fusionais – de prazer e gozo – são presentes, ou seja, registrados como lembranças de vivência.

em meio ao uso circunscrito da noção de *rêverie*, sobretudo na fascinante forma de transmissão encontrada nos escritos de Thomas Ogden (1998). Contudo, este conceito (de Bion) tem um uso mais restrito na obra de Ogden que lembra, e muito, a "técnica" de revivescência do *Escutar com o terceiro ouvido*, de Theodor Reik (1948), discípulo de Freud.

Nossa escolha é outra: a *epistéme*, ou o órgão de percepção clínica, nutre-se, neste modelo, pelas vias de trânsito e transformação entre as malhas das representações-coisa e as de representações-palavra sobre os dois planos – intrapsíquico e intersubjetivo – e entre eles, em circuitos que se entrecruzam e se retroalimentam[70]. Sendo menos esquemático, diz-se que o cenário no paciente, que se desenrola na tópica dos três compartimentos – consciente, pré e inconsciente – e sob o governo e regime das três instâncias – isso, eu e supereu – reduplica-se na dimensão intersubjetiva do campo transferencial, traduzindo-se, no analista – em virtude de sua posição no enquadre – em uma inflexão evocativa, *rêverie*. Em outras palavras, o processo de apreensão no contexto do enquadre imita aquele que se forma no interior do aparelho psíquico do sujeito. Ou seja – e arriscando-se em frases mais ou menos gerais –, a apreensão ocorre somente por meio de um *re*viver, ou no *re*presentar daquilo que se passa no paciente. Entretanto – e conforme a afirmação quanto aos espaços cênicos em que se criam e transparecem –, tais operações devem ser entendidas no contexto das tópicas freudianas. Salvo em raras ocasiões, são inacessíveis à observação, escapam à consciência e se tornam passíveis de serem reconhecidas como tais – ou seja, enquanto são revividas – somente *depois*, e isso nem sempre ocorre. Todavia, tal afirmação não está isenta de complicações, uma vez que atribuímos aos *encontros* epistêmicos a conhecida lógica freudiana de que o "encontro com o objeto é

70. Sobre as noções e diferenciação, em Freud, entre representação-coisa e representação-palavra, veja *Luto e melancolia* e *O inconsciente*, ambos escritos em 1915.

sempre um *re*encontro", implicando que o conhecer psicopatológico se constitui de verdadeiros *re*-encontros – com os *traços e objetos psíquicos do próprio analista.*

Uma apreensão imediata surge em raras ocasiões, em forma *quase* alucinatória; o recalcado se "desprende" de seu traço mnêmico e invade a consciência, apoiando-se em imagens veiculadas pelas palavras do paciente: por exemplo, uma paciente associa um elemento de seu sonho com o auxílio que ela prestava às professoras na ordenação das carteiras no início das aulas de sua escola primária. O que evoca no analista, repentinamente, a lembrança alucinada do cheiro de cadeiras pintadas no primeiro dia de aula das primeiras séries escolares de sua infância. Ele reconhece, mais tarde, que esta alucinação olfativa constituiu o elo essencial para a interpretação daquilo que a paciente comunicou na sessão. Outro paciente, no meio da narração de um sonho, menciona a abertura de uma gaveta do criado-mudo, quando surge no analista a lembrança, de alguns anos atrás, de um ato semelhante, durante o qual foi tomado pela vivência de um vazio depressivo, percebendo, dias depois, que esse estado constituiu, involuntariamente, o eixo da compreensão do material presente naquela sessão.

Apesar de acumular uma cota considerável desse tipo privilegiado de incidentes[71], eles não representam o largo escopo de situações, em meio às quais algo vem à mente do analista: no estado contínuo de profunda angústia, associada a um rompimento de namoro, o paciente conta, após uma pequena pausa, e em certo momento avançado da sessão, que o silêncio do analista assemelhava-se a uma bomba lançada sobre ele, e acrescenta que naquele dia, na sala de espera, pensou que o analista poderia ter morrido... Não é seguindo um desencadeamento significante da fala – entre bombas e mortes – mas, sim, o da evocação, de um eco

71. A nosso ver, esses fenômenos não devem ser deixados, por inteiro, "a cargo do paciente", pois também assinalam a exigência de trabalho, no analista, de sua própria psicopatologia.

de correspondentes *imagens de vivência*, apesar de suas origens serem pouco mapeadas, que é possível delinear e captar o desenho psicopatológico do paciente no momento. Nesse caso, as redes associativas – nessa sessão, como dessa análise – figuram o desenho da ameaça constante ("bomba") sobre as forças de reunião – Eros – em direção ao objeto.

Entretanto, no que concerne à percepção, o último exemplo reflete a situação mais comum no trabalho com neuróticos, pois ilustra como a percepção resulta de um *encontro* que a transferência promove ao mobilizar, na malha pré-consciente das representações-palavra em que se desenrola a análise, o investimento de traços de memória, despertando no analista seus derivados, as *coisas*, que agilizam, por sua vez, um trânsito inverso, na via de ligação com e em direção às palavras, dando lugar à singular intervenção do analista. O que difere do caso específico citado (da alucinação olfativa), em que a barreira pré-consciente fracassa diante do levante ou invasão do traço mnêmico na consciência. Neste caso, o resto diurno (que um dos elementos do "material" acaba desempenhando) funciona como "sinal propiciador de invasão" que, como explicita Freud no ensaio de 1915 sobre o inconsciente, não acarreta a dissolução das fronteiras do isso com o eu – o que provocaria um estado alucinatório generalizado –, mas de uma alucinação localizada, em terreno sadio, possibilitando a percepção.

Os exemplos citados representam apenas algumas, dentre outras e várias modalidades de comunicação (a atuação e outras formas de identificação projetiva constituiriam outras classes), centradas em um substrato e alguns dos aspectos dinâmicos e econômicos ao qual é submetido. Não é abordado, neste contexto, o papel do enquadre que, na dimensão transicional em que age, deriva sua lógica, seja da lei geral ou matriz da castração, seja da provisão materna para o processamento de tal substrato[72]. Seja como for, tais variações da percepção e seu engendramento na situação analítica

72. Para esses aspectos, leia Green, 1983.

imitam o pensar e o âmbito do aparelho psíquico. O cenário das sessões figura um aparelho psíquico, aquele forjado por Freud.

Essa conclusão, para cujo desenvolvimento caminha-se, por meio de ilustrações de pequenos momentos clínicos, talvez refute – ou pelo menos inverta – o projeto de Fabio Herrmann, para quem é a teoria ou o psíquico que imita e reflete a essência do método do qual independe.

Ao concluir estas notas – centradas apenas no substrato primário das operações epistêmicas do processo de cura – observa-se uma polêmica: se a lógica da descoberta reduplica ou ela é um desdobramento daquela que rege o próprio aparelho psíquico – lembrando, também, que o psíquico é, segundo as acepções de Freud, Klein e, sobretudo, Bion, a forma insigne e o verdadeiro conhecimento – qual seria o sentido de acreditar na existência de uma epistemologia, já que esta só tem lugar quando lança mão de um discurso que é exterior ao campo que investiga? Se o contexto de apreensão é interior ao próprio campo, este fato já exclui qualquer possibilidade de haver uma epistemologia da psicanálise e/ou da psicopatologia. Qualquer epistemologia do trabalho analítico e/ou psicoterápico está fadada ao desconhecimento deles.

Referências bibliográficas

AGASSI, J. "Science in flux". *Boston Studies in Pfilosophy of Science*, 28. Boston: 1975.

BACON, F. *Novum organum*. Clarendon Press, Oxford: Clarendon Press, 1889.

BION, W. R. (1962) *Learning from experience*. London: Karnac, 1990.

————. *Second thoughts*. London: W.Heinemann, 1967.

DELOUYA, D. "O biológico em Freud: corpo estranho ou heresia?" *Percurso*, 8:39-45, 1992.

————. (1993) "A filosofia da biologia à luz da biologia molecular: resolveu-se o mistério?"*Cad. Hist. Fil. Ci.*, 4(1):51-60, 1993.

————. "Sobre algumas metáforas freudianas fora da ordem/ficção da natureza". *Boletim de Novidades Pulsional*, 7(59):5-15, 1994.

————. "Sob o olhar de Goethe. *Percurso*, 16:15-23, 1996.

————. *Entre Moisés e Freud: tratados de origens e da desilusão de seus destinos*. São Paulo: ViaLettera, 2000.

EINSTEIN, A. *Ideas and opinions*. New York: Crown, 1951.

ELLENBERGER, H. F. (1970) *The discovery of the unconscious*. Basic books, 1970.

FÉDIDA, P. *Crise et contre-transfert*. Paris: PUF, 1992.

FEYERABEND, P. *Against method*. London: Verso, 1978.

FREUD, S. *Obras completas*. *Standard Edition* e *Pelican Freud Library*.

————. (1891) *Contribution à la conception des aphasies*. Paris: PUF, 1983.

————. (1909) *L'homme aux rats, Journal d'une analyse* (1974); introduzido, traduzido e comentado pela Elza R. Hawelka. Paris: PUF.

GREEN, A. "Le langage dans la psychanalyse". In *Langages: IIes Rencontre psychanalytiques d'Aix-en-Provence*. Les Belles Lettres, pp. 19-250, 1983.

————. (1979) "Le silence du psychanalyste". *Topique*, 23:5-26, 1979.

HUME, D. (1740) *A treatise of human nature*. London: Oxford Univ. Press., 1988.

HERRMANN, F. (1979) *Andaimes do real*. livro I. São Paulo: Brasiliense. 1991.

————. *O que é a psicanálise?* São Paulo: Brasiliense, 1983.

————. *Clínica psicanalítica: a arte da interpretação*. São Paulo: Brasiliense, 1991.

————. (1992) *O divã a passeio*. São Paulo: Brasiliense, 1992.

KANT, I. (1781) *Critique of pure reason*. New York: Anchor, 1961.

————. (1790) *Crítica da faculdade de julgar.* Jerusalém: Shoken, 1961 (em hebraico).

KUHN, T. S. *The structure of scientific revolutions.* Chicago: Univ. Press., 1962.

Le GUEN, C. (1982) *Dialética freudiana: prática do método psicanalítico.* São Paulo: Escuta, 1992.

MACE, C. A. (1966) "The mind-body problem in philosophy, psychology and medicine". *Philosophy*, 41, 1966.

MAJOR, R. (org.) *Comment l'interprétation vient au psychanalyste.* Paris: Aubier, 1976.

————. *Rêver l'autre*, Paris: Aubier, 1977.

MEZAN, R. (1990) "Existem paradigmas na psicanálise?" *Percurso*, 4, 1990.

————. "Psique, alma, aparelho psíquico: caminhos cruzados". In: *A sombra de Don Juan.* São Paulo: Brasiliense, 1993.

OGDEN, T. *Os sujeitos da psicanálise.* São Paulo: Casa do Psicólogo, 1998.

POLANYI, M. *Personal knowledge: towards a pos-critical philosophy.* New York: Harper, 1958.

POPPER, K. R. *The logic of scientific discovery.* London: Hitchinson, 1959.

————. *Conjectures and refutations.* London: Routledge& Kegan Paul, 1963.

POPPER, K. R. & ECCLES, C. J. *The brain and its self.* Berlin: Springer International, 1977.

RICOEUR, P. *De l'interprétatio: essai sur Freud.* Paris: Seuil, 1965.

RITVO, L. B. *A influência de Darwin sobre Freu.* Rio de Janeiro: Imago, 1992.

SULLOWAY, F. J. *Freud, the biologist of the mind.* New York: Fayard, 1980.

VIDERMAN, S. (1970) *A construção de um espaço analítico*. São Paulo: Escuta, 1990.

WHEWELL, W. *Novum organum renovatum.* London: Parker, 1840.

WINNICOTT, W. D. (1958) *Da pediatria à psicanálise.* Rio de Janeiro: Francisco Alves, 1988.

————. *The maturational processes and the facilitating environment.* London: Hogarth Press, 1965.

————. *Playing and reality*. London: Tavistock, 1971.

————. *Psycho-analytic Explorations*, London: Karnac Books, 1989.